AVERTISSEMENT DE L'ÉDITEUR.

« ON ne peut douter que sir Robert Wilson ne soit l'auteur du *Tableau de la Russie* qui vient d'être publié. Il l'avoue lui-même à tous ceux qui lui en font la question. Mais il désirait limiter son ouvrage à l'article de Francfort seul, et ne point lier son nom à des faits sur lesquels le public aurait pu s'attendre à le voir donner plus de détails. Voilà le motif pour lequel il n'y a point mis son nom (1) ».

On voit que sir Robert Wilson est incontestablement l'auteur de l'ouvrage dont on donne ici la traduction ; et qu'en le publiant sous son nom, on n'a fait que répéter ce qu'il avait avoué hautement lui-même dans sa patrie.

Le nom de l'auteur suffit seul pour faire connaître à un Français l'esprit dans lequel ce livre doit être écrit, la manière de voir les évènemens qui doit s'y manifester ; enfin, l'emphase qui doit y régner du commencement à la fin. Tout le monde, en effet, se rappelle le rôle que sir Robert a joué dans le procès de Lavalette, et la manière dont il s'est défendu.

---

(1) *Morning-Chronicle* du 13 septembre 1817.

On trouve chez le même Libraire :

HISTOIRE de la campagne de Russie, pendant l'année 1812, contenant des détails puisés dans des sources officielles, ou provenant de récits français interceptés jusqu'à ce jour et inconnus, par sir Robert Ker Porter ; le tout enrichi de plans de mouvemens des deux armées pendant leur marche en avant et leur retraite. Traduit de l'anglais sur la 4ᵉ édition, par M. *** ; accompagné de notes explicatives et critiques tirées des différens ouvrages qui ont paru en France sur cette campagne célèbre, 1 gros vol. in-8º (*sous presse*),   7 fr. 50 c.

TABLEAU de la campagne de Moscou en 1812, ouvrage dans lequel on s'est attaché à retracer les évènemens désastreux qui ont rendu cette campagne à jamais mémorable ; par M. Bourgeois, chirurgien-major du régiment du Dauphin-Cuirassiers, chevalier de la Légion d'honneur, *témoin oculaire*, 1 vol. in 8º,   3 fr.

RELATION circonstanciée de la dernière campagne de Buonaparte, terminée par la bataille de Mont-Saint-Jean, dite de Waterloo ou de la Belle-Alliance, 4ᵉ édition, revue, corrigée, augmentée, et ornée de deux plans, dont l'un présente l'ensemble des opérations de la campagne, et l'autre les dispositions particulières de la bataille de Mont-St.-Jean ; à laquelle on a joint les diverses relations qui ont paru en Angleterre, un grand nombre de pièces contenant des détails anecdotiques aussi curieux que peu connus, avec deux nouveaux plans de la campagne, et une vue *panoramique* du champ de bataille. *Par un témoin oculaire ;* 1 vol. in-8º,   5 fr.

BATAILLES de Leipsick, depuis le 14 jusqu'au 19 octobre 1813, ou récit des évènemens mémorables qui ont eu lieu dans cette ville et aux environs, pendant ces cinq journées ; le tout originairement écrit en allemand par un témoin oculaire ; traduit de l'anglais de M. Frédéric Shoberl, sur la 8ᵉ édition, et accompagné de notes ; 1 vol. in-8º, 2 f. 50 c.

ETAT actuel de la Turquie, ou Description de la constitution politique, civile et religieuse du gouvernement et des lois de l'Empire ottoman, auquel on a ajouté l'état géographique, civil et politique des principautés de la Moldavie et de la Valachie, d'après les observations faites pendant une résidence de quinze ans, tant à Constantinople que dans les provinces de l'Empire turc. Par Thomas Thornton ; 2 v. in-8º, 12 f.

RELATION des évènemens qui se sont passés en France depuis le débarquement de Napoléon Buonaparte au 1ᵉʳ mars 1815, jusqu'au traité du 20 novembre ; suivi d'observations sur l'état présent de la France et sur l'opinion publique ; par miss Maria Helena Williams ; traduit de l'angl., et accompagné d'un grand nombre de notes très-curieuses sur cette déplorable époque, par M. Breton de la Martinière ; 1 vol. in-8º,   5 fr.

DERNIÈRE campagne de l'armée franco-italienne, sous les ordres d'Eugène Beauharnais, en 1813 et 1814, suivie de Mémoires secrets sur la révolution de Milan, du 20 avril 1814, et les deux conjurations du 25 avril 1815 ; la campagne des Autrichiens contre Murat ; sa mort tragique, et la situation politique actuelle des divers Etats d'Italie. Par le chevalier Saint-J***** , *témoin oculaire ;* précédée d'une Notice historique sur Eugène-Beauharnais,   3 f.

VIE publique et privée de Joachim Murat, composée d'après des matériaux authentiques, la plupart inconnus, et contenant des particularités inédites sur ses premières années ; 1 vol. in-8º,   2 fr.

TABLEAU

DE LA

PUISSANCE MILITAIRE ET POLITIQUE

DE LA RUSSIE

EN 1817,

PAR SIR ROBERT WILSON.

 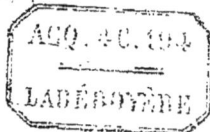

TRADUIT DE L'ANGLAIS SUR LA 2ᵉ ÉDITION;

AUGMENTÉ DE PLUSIEURS PIÈCES IMPORTANTES QUI N'ONT PARU
JUSQU'A CE JOUR QUE DANS LES JOURNAUX ANGLAIS,

Relatives aux opinions de Buonaparte sur l'état de l'Europe, à
la manière dont le cabinet anglais le traite à Sainte-Hélène,
à son projet d'expédition aux Indes par la Russie, la mer
Noire et la Perse, etc., etc.

Orné d'une carte représentant les accroissemens successifs de la Russie
en 1800, 1808 et 1817; la distance des frontières russes à plusieurs
des capitales européennes et à celle de la Perse, ainsi qu'à la mer
Rouge, etc., etc.

Serpens nisi serpentem comederit, non sit draco.

PARIS,

J. G. DENTU, IMPRIMEUR-LIBRAIRE,
rue des Petits-Augustins, nº 5 (ancien hôtel de Persan).
1817.

On n'a voulu joindre à cet ouvrage aucune note, et on a laissé sans réfutation certaines assertions répandues dans l'esquisse des dernières années de la guerre, tracée par l'auteur. Les évènemens, leurs causes et leurs résultats sont trop bien connus et trop bien appréciés en France, pour qu'une réfutation par notes ne soit, s'il est permis de se servir d'une expression de sir Robert, « une véritable moquerie de l'intelligence du public. » Tout le monde reconnaîtra dans sir Robert Wilson un partisan de cette fameuse opposition qui, depuis vingt-cinq ans, n'a voulu voir, dans toutes les mesures du ministère de la Grande-Bretagne, que des fautes dont les suites seraient terribles ; et c'est encore là l'esprit de l'ouvrage de sir Robert.

Mais on a fait un petit nombre de suppressions, que l'état actuel des choses en France ordonnait, et que le simple sentiment des bienséances aurait dû faire faire chez l'étranger.

Notre traduction a été précédée par une autre, dans laquelle le nombre des passages inutilement supprimés ne peut qu'étonner ; sans doute que la bienséance seule suffisait pour en faire ôter quelques-uns qui sont remplis d'injures grossières ; mais les autres devaient subsister, sans quoi le but de l'auteur n'est plus rempli, et son ouvrage, d'un acide violent, devient un corps véritablement neutre.

Ce n'est point à celui qui publie une traduction

de Wilson à relever les fautes nombreuses de sens
et de typographie qui se trouvent dans la traduction dont nous venons de parler, et qui dénaturent
un grand nombre de passages importans : on pourrait accuser la concurrence. Il n'en sera donc point
parlé ; mais il est impossible de passer sous silence
la réflexion que fait naître l'*avertissement* qui pré-
cède cette traduction, et les notes dont elle est
accompagnée. Il est assez ridicule qu'un littéra-
teur qui garde l'anonyme (et c'est là le véritable
ignotum pro magnifico dont parle sir Robert dans
sa préface), vienne exposer au public son jugement
sur chacune des parties de l'exécution, sur le but
même d'un ouvrage de ce genre; mais quand, de
plus, ce traducteur présente ce jugement comme
celui que tout le monde doit porter de l'ouvrage;
quand il semble dire au lecteur : Voilà ton opinion
formée, tes connaissances, les travaux que tu peux
avoir faits sur la politique et les intérêts des nations; ton discernement, ta raison enfin, doivent
subir, sans dire mot, le joug de cette opinion; tu
liras sans juger..... Eh! Monsieur, il est donc inutile
de lire sir Robert, et il faut s'en tenir à votre préface?
Risum teneatis amici!

On a évité, dans l'avertissement présent, de tomber
dans ce défaut; car c'est là, on le répète, se moquer
de l'intelligence du public.

Voilà pour le fonds de l'ouvrage. On était bien

aise de prévenir le lecteur du peu de retranchemens qu'il a subis.

Quand au style, il est emphatique et souvent obscur par la longueur des phrases. Le premier de ces défauts n'en est peut-être pas un chez les Anglais; peut-être même est-ce une qualité aux yeux de beaucoup d'entre eux, car jamais en Angleterre les mots *emphase* et *pathos* ne sont pris en mauvaise part. L'autre est très-commun dans les ouvrages anglais. Au reste, on a cherché à laisser paraître le style de l'original tel qu'il est.

Il a paru à diverses époques, dans les feuilles anglaises, diverses pièces qu'on a jugées propres à éclaircir plusieurs passages du *Tableau de la Russie*; on les a jointes à la fin de l'ouvrage, où elles sont réunies sous le titre de *Pièces extraites des journaux anglais*.

Nous prions nos lecteurs de vouloir bien comparer la carte qui accompagne les deux traductions. Nous sommes persuadés que la nôtre obtiendra la préférence sur celle de nos rivaux, qui fait véritablement rétrograder l'art de la gravure.

PRÉFACE DE L'AUTEUR.

La tranquillité de l'Europe était l'objet avoué, l'objet promis du système belligérant qu'a suivi la Grande-Bretagne pendant vingt-cinq ans : ce n'était point une tranquillité semblable à celle dont Tibère ou Sylla firent présent à Rome, pendant laquelle on refusait au malheureux et à l'opprimé la permission même d'exhaler leurs plaintes ; c'était une tranquillité qui devait être le fruit d'une politique qui, en se conciliant l'opinion publique, associerait, pour l'appuyer, les hommes sages et les honnêtes gens de tous les pays ; c'était une tranquillité qui devait contenir les principes de sa propre conservation, en liant, par les nœuds d'un intérêt commun, le puissant et le faible, le conquérant et le conquis.

Ce serait se moquer de l'intelligence du public que d'entrer dans une discussion détaillée pour prouver que cet engagement n'a été rempli sous aucun rapport.

Où la paix est-elle accompagnée des bienfaits de la paix ?

Où sont les injures qui ont été redressées par un acte désintéressé de justice ?

Où peut-on nous montrer les passions apaisées par la générosité de la puissance ?

L'œil de l'homme le plus déterminé se baisse, ébloui des flammes que lance l'indignation populaire ; les douleurs de l'humanité souffrante ont une expression de désespoir si terrible, qu'elle fait réfléchir l'homme vain et léger, qu'elle fait trembler l'homme qui réfléchit.

« Nous avons été accablés par l'affliction, sans gagner la sagesse ; » et, quelque sanglantes qu'aient été nos luttes passées, il n'y a que trop de motifs de craindre que notre temps de guerre ne soit point accompli, que d'autres luttes puissent avoir encore lieu, qui n'admettront plus de composition, si jamais elles commencent ; car un premier désappointement animera les partis en présence d'une férocité inexorable incapable de s'adoucir.

L'auteur, au reste, ne se propose de dire, sur l'état moral de l'Europe, que ce qui sera nécessaire pour établir ce qu'il veut démontrer : « Que la Russie, profitant des évènemens qui ont affligé l'Europe, a non-seulement élevé son ascendant sur des bases naturelles suffisantes pour maintenir une puissance prépondérante, mais encore que ses rivaux lui ont présenté le sceptre de la domination universelle. » Quelle que hardie que puisse sembler cette proposition, la prédiction de l'évènement avait été faite dans un temps où l'horoscope de la Russie, pour un observateur ordinaire, était loin de paraître aussi beau ; elle a cependant été si pleinement vérifiée dans toutes ses parties, que l'extrait suivant ne peut qu'intéresser :

« Quand le czar et le consul mettront en présence

leurs légions ennemies, les médiations, les coalitions armées, les conventions de neutralité, les lignes de démarcation ne seront plus que de vains mots. Ces deux puissances, depuis long-temps, ne sont plus accoutumées à la
guerre de cabinet, à l'étiquette de la cour sur le champ
de bataille.

« L'intervention des autres Etats pourra hâter le moment de leur propre asservissement, mais elle ne pourra
détourner le sort qui les menace. Les chefs de la Russie
et de la France mesureront leurs forces presqu'au centre
du monde : le motif de leur querelle ne sera point un
évêché, une île à sucre; ils ne se battront point pour savoir s'ils diront leur messe en latin ou en grec; ce sera
pour la possession de l'Hellespont et du Bosphore, de ces
deux postes dont dépend aujourd'hui l'empire de notre
hémisphère oriental. De pareils antagonistes ne sortiront
point de leurs quartiers pour venir escarmoucher et se
retirer ensuite chacun de leur côté; ils ne se battront
point pour faire des conquêtes et les abandonner ensuite;
l'un d'eux restera maître du champ de bataille, et avec
le champ de bataille de la *dictature du monde* (1). »

Des Hectors politiques ont jeté le gant comme s'ils
étaient prêts à opposer attitude à attitude, et la force à
la force; comme s'il existait réellement un pouvoir pour
réprimer ou punir toute tentative dont le but est de reculer la frontière d'un voisin.

---

(1) Voyes *Sketches on the intrinsic strengh, military and naval
force, of France and Russia*, 1803. C'est-à-dire : *Esquisse de la force
intrinsèque, et des forces militaires et navales de la France et de
la Russie.*

Mais l'heure de l'illusion est passée, et les hommes ne sont plus les dupes de grands mots et de belles phrases. Cette croyance, cette foi que l'on accordait encore après qu'il n'y avait plus de motif pour le faire, elles sont aujourd'hui entièrement épuisées; et, quoique don Sébastien ou Johanna Southcote puissent encore vivre dans la crédulité de leurs sectateurs; quoique Mahomet puisse encore attirer des multitudes d'hommes pour le voir faire marcher une montagne; quoique des joueurs de gobelets puissent encore lever un impôt sur la curiosité des habitans de Londres, les ministres ne persuaderont plus aux Anglais de fermer les yeux comme des enfans ingénus, et de croquer un fruit qui, sous la dent, ressemble à la pomme du lac Asphaltite; à l'œil elle est superbe; le goût ne trouve que des cendres (1).

La direction du vaisseau de l'État a été confiée à la fortune; la sagesse et l'expérience ont montré les dangers de cette marche, et ont prédit que, s'il échappait au naufrage, les dommages que les vents contraires et les courans lui causeraient pendant le voyage, seraient plus grands que les bénéfices de l'expédition.

L'artiste à qui le dépit fit jeter son pinceau sur la toile, eût pu réclamer le mérite de l'exécution et du dessin, avec autant de justice, que les ministres anglais attribuer à leurs conseils et à leurs délibérations l'issue de la lutte contre la France; le tanneur athénien eût pu, avec au-

---

(1) Like the apple on the Dead Sea's shore,
All ashes to the taste.

tant de raison, suspendre son bouclier dans le temple de Minerve, en mémoire de la victoire de Pylos. Ils se sont avancés en chancelant de côté et d'autre comme des gens pris de vin; le hasard les a fait réussir, et ce succès a vérifié la maxime du philosophe : « Souvent le succès justifie une folle conduite; » et ils croyaient que le même hasard ferait aussi d'eux des hommes d'État, et ajouterait à ses autres dons « l'esprit de gouvernement. »

Des embarras financiers ont été les résultats d'une politique guerrière; cependant on eût pu établir la paix sur des fondemens tels, que les gouvernemens et les nations se seraient unis dans un esprit de paix.

L'Angleterre a sacrifié toutes ses ressources pour éloigner le danger que présentait un rival dominateur, la France; mais la Russie, profitant de l'occasion, s'est élevée plus haut que jamais ne l'avait fait ce rival; en même temps l'Amérique, nourrie par ce système de guerre, est devenue une puissance navale, qui menace de prendre poste dans les océans, et de jeter une barre, composée de ses vaisseaux, en travers du canal de communication avec les Indes.

Ajoutez à ces créations, qu'on peut accuser d'être contre nature, qui sont imprégnées d'une activité fatale à l'ambition continentale de l'Angleterre, et alarmante pour sa supériorité maritime; ajoutez que la France elle-même, vaincue, mais encore terrible, a été aigrie au plus haut degré, et tend les bras à la puissance qui voudra l'aider dans sa vengeance.

Ainsi l'Angleterre, au lieu du rival unique qu'elle

avait dans l'origine, a aujourd'hui trois rivaux à com- battre, et trois rivaux aidés par l'esprit d'hostilité qui gagne universellement.

Malgré tous les feux de joie qu'elle a faits, voilà l'état de ses relations étrangères. La peinture de son intérieur n'est pas moins alarmante; et ses ennemis, qui n'igno- rent pas sa situation, ne paraissent pas disposés à né- gliger l'occasion d'accomplir sa ruine.

Combien est juste cette observation :

Principis est virtus maxima nosse suos,

et combien il se fait de mal, le gouvernant qui, avec une bonté naturelle et une éducation libérale, avec des talens naturels et acquis, éminemment propres à se concilier la faveur et l'affection publique, prête cepen- dant l'oreille à de mauvais conseillers, et ruine ainsi sa popularité, en permettant des mesures subversives de cette constitution qu'il voudrait défendre, et destructives de cette prospérité nationale qu'il est de son intérêt et dans ses dispositions de faire fleurir.

On n'a point, dans cet ouvrage, la prétention de publier de nouveaux faits : raconter la vérité sur les faits déjà connus, et rien que la vérité, tel en est le seul objet. On eût peut-être pu donner plus de détails pour éclairer et confirmer plusieurs assertions; mais l'invio- labilité de la confiance impose des restrictions.

Qu'il soit ou non agréable aux rois, aux ministres, aux hommes d'Etat, aux généraux, l'historien qui veut instruire, doit rejeter toute partialité, toute animosité : il faut qu'il se dise : *Tros, Tyrius ve*, etc. Mais il n'est point probable qu'il évite d'offenser. En remplissant les devoirs d'un homme qui travaille pour le public en général, il rapportera des évènemens qui exigeront une sentence impartiale d'approbation ou de désapprobation, pour en déterminer le caractère, et y attacher le jugement du siècle ; il faut donc qu'il soit préparé à soutenir le ressentiment du pouvoir, blessé dans son orgueil, par la conviction de ses fautes que lui montre la censure.

Nous sommes dans un temps où celui qui veut sauver son pays, doit combattre sur la brêche au mépris de sa sûreté personnelle, et être prêt à s'écrier avec l'orateur romain :

Quinetiam corpus libenter obtulerim, si repræsentari morte meâ libertas civitatis potest, ut aliquandò dolor populi romani pariat quod jam diù parturit !

On pourra dire que, quand on a de pareils sentimens, et qu'on en fait ainsi parade, le nom de l'auteur devrait aussi se trouver sur le titre ; et certainement ce nom s'y fût trouvé (quoique le *ignotum pro magnifico* soit souvent favorable), si, dans un combat littéraire, avec un champion anonyme, l'étiquette ne prescrivait l'usage de l'incognito ; et loin de chercher à se cacher, ou de proposer de combattre sous de faux pavillons, l'auteur est prêt à maintenir contre la partie adverse, à la lumière du jour, tous les détails, allégations et opinions que sa plume a tracés dans ces pages.

Toutes les tentatives pour influencer les juges, sont

illégales, et indiquent une mauvaise cause; ou une crainte lâche; mais cependant, il est permis de dire que l'on espère que les critiques fermeront les yeux sur les imperfections du style et de la diction : la forme demande de l'indulgence, mais la matière veut être jugée.

TABLEAU de la PUISSANCE MILITAIRE et POLITIQUE de la RUSSIE en 1817.

NOTE

Frontière Russe en 1800		Vert
Dº Dº 1808		Jaune
Dº Dº 1817		Rouge

OCÉAN SEPTENTRIONAL

MER BLANCHE

NORVÈGE

SUÈDE

GOLFE DE BOTNIE

MER BALTIQUE

Stockholm

Tornéo

Archangel

Uleaborg

1817

PÉTERSBOURG

Ilmen

Lac Bieloe

RUSSIE

Dantzig

MOSCOU

Smolensk

Kiovie

Volga Fl.

Don Fl.

Simbirsk

Breslau

GALICIE

Cracovie

1817

VIENNE

AUTRICHE

HONGRIE

TRANSYLVANIE

Hermanstadt

Belgrade

Astrakan

MER CASPIENNE

BOSNIE

VALACHIE

TURQUIE

M. d'Azov

MER NOIRE

Constantinople

Andrinople

ARMÉNIE

PERSE

ASIE MINEURE

Smyrne

Tabreez

TÉHÉRAN

Satakia

Diarbekir

Scanderoon ou Alexandrette ou Alep

MER MÉDITERRANÉE

à la Mer Rouge 400 Milles

TABLEAU

DE LA

PUISSANCE MILITAIRE ET POLITIQUE

DE LA RUSSIE.

Un article de journal extraordinaire (1) a paru sous la rubrique de *Francfort*, avec quelques observations qui justifient l'attention.

Nous donnons cet article en entier, comme la base des recherches et des réflexions qui suivent. Le voici :

« Il paraît nécessaire que l'Europe soit informée du danger qui la menace. Ce n'est ni de l'Angleterre, ni de la France, ni de l'Autriche que ce danger est à craindre ; c'est de la Russie. C'est la Russie qui désire prendre cette attitude imposante et dictatoriale que la France avait prise sous la tyrannie de

---

(1) Cet article a paru à Londres, dans le *Courrier* du 25 juillet 1817.

1

Buonaparte. C'est pour cet objet qu'elle a fait tout
ce qui a été en son pouvoir pour empêcher l'alliance
intime de l'Angleterre et des Pays-Bas, qu'aurait pro-
duite un mariage entre les deux familles régnantes ;
c'est pour cet objet qu'elle a fait tous ses efforts
pour lier la maison d'Orange à la maison impériale
de Russie; c'est pour cet objet qu'elle a fait épouser
la duchesse d'Oldenbourg au roi de Wurtemberg;
c'est pour cet objet qu'elle va se lier elle-même par
des nœuds de famille à la maison de Brandebourg;
ce sont encore les mêmes projets qui lui font voir,
sans beaucoup de peine, les accusations des libellistes étrangers contre l'Angleterre , parce qu'elles
peuvent affaiblir l'estime et le respect qu'on porte
à cette grande nation; ainsi que les attaques conti-
nuelles que l'on dirige contre le gouvernement de la
France, parce qu'elles peuvent tenir l'intérieur de
ce pays dans une appréhension continuelle. Elle
espère aliéner l'Angleterre et la France l'une de
l'autre, en encourageant les jalousies et la malveillance réciproques de ces deux pays. » (*Francfort.*)

« Nous sommes disposés à croire à la sincérité des
craintes de la personne qui écrit de Francfort, mais
nous avouons que nous ne les partageons pas, et
que nous ne voyons point les choses sous le même
point de vue. Et d'abord, elle met beaucoup trop de
confiance dans l'opération et les effets des alliances

de famille. L'expérience de l'histoire nous montre combien elles sont faibles quand elles se trouvent en contradiction avec un plan favori de politique, d'ambition ou d'agrandissement. Nous ignorons, et il nous importe peu de connaître quelle influence la Russie a eue, ou même si elle a eu une influence quelconque dans la rupture du mariage projeté entre les maisons de Brunswick et d'Orange ; l'union des maisons de Brunswick et de Saxe a parfaitement satisfait le peuple de ce pays ; et certainement on n'eût pu choisir un prince dont la conduite fût plus louable que celle du prince de Saxe-Cobourg. L'opinion que nous avons émise sur les mariages entre les familles souveraines, en général, s'appliquera aux autres mariages dont parle le correspondant de Francfort. Le Wurtemberg ! Quel effet peut-il produire, quel poids peut-il avoir dans la balance de la politique européenne ? Quant aux accusations des libellistes étrangers contre l'Angleterre, nous n'en sommes point étonnés ; elles partent de jacobins notoires ; et nous irons même plus loin, nous assurerons que nous les avons méritées de leur part. Nous les avons renversés, et leurs libelles, leurs calomnies sont les fruits naturels de leur vengeance et de leur désappointement. Mais souvent nous avons été surpris de l'impunité et de l'asile dont ils ont joui pendant si long-temps. Sûrement il n'y a point de puissance en Europe qui ait à l'Angleterre de plus grandes obligations que le gouvernement des

Pays-Bas. Ce fut l'influence de ce pays, en grande partie, qui, réunissant les Provinces-Unies à la Belgique, établit la famille d'Orange sur un trône puissant : un des coups-de politique les plus sages que l'on ait imaginés. Il nous paraît absurde de supposer que le royaume des Pays-Bas puisse entrer dans les vues d'agrandissement que la Russie pourrait avoir, ou qu'il puisse faire avec elle un traité offensif contre la France et l'Angleterre : un pareil traité liguerait ces deux puissances contre lui. Et quel service efficace pourrait lui rendre la Russie, placée à une si grande distance ? Il faut, en outre, considérer que le développement d'une semblable politique ne serait point vu avec indifférence ou inertie par l'Autriche. Enfin, dans un état de choses tel que celui dont parle le correspondant de Francfort, il ne serait point difficile de trouver de l'emploi du côté de la Turquie. Mais, nous le répétons, nous regardons les craintes de ce correspondant comme chimériques. Nous ne croyons point que la Russie ait de pareilles intentions. Ce qui, dans des temps passés, nous aurait paru improbable, est maintenant non seulement probable, mais encore apparent et existant. L'Angleterre et la France ont découvert qu'il était de leur intérêt d'être solidement et cordialement unies ; et nous ne hasardons peut-être pas beaucoup, en affirmant qu'il n'y a pas en Europe deux cours entre lesquelles il subsiste une meilleure intelligence. L'Autriche est unie à toutes les deux avec la même cordialité et la même intimité. Et maintenant nous demanderions ce que pourrait faire une autre puissance quelconque, ou toutes les autres puissances réunies, contre l'union de la Grande-Bretagne, de la France et de l'Autriche? La paix de l'Europe ne doit probablement point être troublée de sitôt. Aucune puissance n'a de motif pour la troubler : et toutes ont de puissans motifs pour la maintenir. » (*London.*)

Il y a un vieux proverbe français qui dit : « *Qui* « *s'excuse s'accuse;* » certainement la Russie ne peut regarder cette publication gratuite d'opinions hostiles à ses projets avoués et d'avertissemens insultans pour sa puissance, que comme un procédé qui exprime d'une manière peu décente la jalousie et la crainte.

Imaginer de l'inimitié et menacer ensuite de censure ou de correction, c'est agir d'une manière non seulement antipacifique, mais encore offensive. Quand des écoliers veulent se battre, ils se disent : « J'ai appris que tu voulais me vexer; je ne le crois pas, mais si cela t'arrivait, je te donnerais une solide roulée. » Le même esprit de résistance les animent quand ils sont hommes, et la menace exaspère d'autant plus, que la situation élevée où l'on se trouve donne plus de fierté.

Les nations comme les individus ressentent ces

insultes volontaires. Y a-t-il un Anglais qui ait oublié le sentiment que fit naître, parmi le peuple qu'il se proposait d'humilier, la remarque de Buonaparte : « L'Angleterre ne pourrait lutter *seule* contre la France ? »

Mais, puisque la première indiscrétion a été commise, la question va être examinée; et on démontrera, par un examen exact et sans passion de l'état de l'Europe, que la folie de la provocation est encore augmentée par le manque total de moyens pour soutenir le cartel.

Pour cet objet, il est nécessaire de donner une esquisse de l'histoire européenne de la Russie.

Il n'y a guère plus d'un siècle, la plaine où s'élève aujourd'hui Saint-Pétersbourg n'était qu'un marais inhabité; tout le pays environnant était sous la domination de la Suède; et cette puissance était alors en alliance et en liaison territoriale avec la Pologne, royaume qui contenait plus de dix-sept millions d'habitans, et la Turquie, dont la puissance était assez formidable pour forcer Pierre-le-Grand, après la victoire de Pultawa, à capituler sur le Pruth, à acheter sa liberté avec les joyaux de son épouse, et à payer de nouveau le tribut aux Tatares.

L'ambition, les talens et la fortune de Pierre-le-Grand prévalurent, et la capitale maritime fut établie sur un plan dont l'étendue fut un monument à sa gloire, et en même temps la meilleure assurance qu'il persévérerait dans son audacieuse et présomptueuse politique. « La nature n'a fait qu'une Russie, elle ne doit avoir *nul* rival (1). »

Les souverains qui lui succédèrent, jusqu'à Catherine II (à l'exception d'Elisabeth, dont les traités furent honorables et les guerres glorieuses pour le caractère de ses armées, quoique malheureuses); ne suivirent point son impulsion; mais ils travaillèrent à consolider la puissance qu'il avait acquise, et le commerce leur fournit des moyens additionnels d'accomplir leurs plans.

Catherine II eut toute l'ardeur d'un conquérant, et elle inspira le même sentiment à ses sujets. Dans un empire où l'éducation solide avait toujours été négligée, où Catherine elle-même l'avait sacrifiée à des talens plus attrayans, les ministres les plus habiles et des généraux invincibles parurent comme par enchantement.

Le Causase, la Crimée, le pays des Cosaques, la Courlande et une grande partie de la Pologne, furent ajoutés à ses possessions. Cependant Suwarow n'a jamais pu mettre en campagne *une armée* de quarante mille hommes effectifs.

La charpente de l'édifice était immensément vaste; mais les interstices, les ouvertures étaient aussi de dimensions effrayantes. L'échafaudage subsistait sur le dessin du premier architecte, mais il fallait une série

---

(1) *Voyez* le discours de Pierre-le-Grand, après la défaite de la flotte suédoise près de l'île d'Aland, en 1714.

non interrompue de combinaisons habiles pour compléter l'exécution du plan que son génie avait tracé.

La Pologne était un boulevard central, qui, en
joignant Stockholm à Constantinople, et en s'avançant elle-même dans la ligne de défense militaire de
la Russie, rendait les succès obtenus toujours précaires, et faisait d'un peuple subjugué des sujets
inquiets. L'instant favorable fut saisi : la position la
plus importante en Europe pour la conservation de
cette partie du monde fut occupée (deux grandes
puissances européennes prêtaient leur secours, tandis que les autres en étaient paisibles spectatrices),
et une nation guerrière et indépendante, qui en
formait la garnison, fut partagée comme une dépouille légitime entre les soi-disans gardiens « de
sa sûreté et de sa tranquillité. »

La politique sage et libérale de Catherine, relativement à la tolérance religieuse et le maintien des
lois, des coutumes et de la langue, affaiblirent le
ressentiment du peuple qui lui tomba en partage, et
furent, dans tous les esprits, le germe de cette préférence pour son gouvernement, qui a donné à des
actes plus récens la couleur d'une association volontaire à son empire.

Constantinople était le but réel de l'ambition de
Catherine; elle borna donc les hostilités contre la
France à quelques manifestes, à de magnifiques
présens pécuniaires à la dynastie expatriée, et au
don d'une épée à Monsieur.

Paul, plus franc et moins politique, mit ses promesses à exécution. Trente-six mille hommes, sous les ordres de Suwarow, marchèrent en Italie, où ils soutinrent la réputation de leur chef, tandis que dix-huit mille autres, débarquant au Helder dans de fâcheuses circonstances, firent apprécier les talens militaires de la Russie au-dessous de ce qu'elle méritait. Désappointé et exaspéré, Paul résolut de s'allier avec son ancien ennemi, et de tourner ses armes contre ses anciens amis. Dans cette vue, une confédération maritime fut formée, et un corps considérable de cavalerie se rassemblait pour envahir l'Inde, quand une noblesse mécontente et des soldats harassés s'interposèrent pour terminer son règne.

Paul était violent et capricieux; mais ses ennemis disent que « quoiqu'il manquât de jugement pour défendre son pays, il avait un esprit trop élevé pour souscrire jamais à sa honte. »

Son règne fut trop court pour le développement des ressources, même alors surabondantes, de son empire; mais il eut une influence importante sur la branche européenne de la politique russe, en montrant qu'il n'y avait aucune partie de l'Europe inaccessible à des armées sorties du Caucase et de la Sibérie, et son projet de pénétrer aux Indes par la Perse, rejeté dans le temps comme une chimère absurde, a graduellement et sérieusement attiré l'attention du gouvernement, et obtenu la sanction des personnes destinées à exécuter l'entreprise.

Alexandre monta sur le trône avec de fortes prédilections en sa faveur ; de bonnes qualités personnelles lui avaient gagné les cœurs de tous ceux qui approchaient de lui, et l'on avait de grandes espérances en la capacité du pupile de La Harpe en fait de gouvernement. Le Télémaque du nord n'était point alors enivré par la puissance ; instruit par un Mentor intelligent et vertueux, il se servit de l'autorité d'un souverain despotique pour faire de la philantropie la base de son trône (1).

Ennemi des bagatelles ruineuses de quelques-uns de ses prédécesseurs, il régla les dépenses de ses palais avec économie, et employa ses trésors à fonder des établissemens utiles, à exécuter des travaux d'un avantage public, à remplir ses arsenaux et à augmenter son armée. Tempéré, actif et infatigable, il faisait les affaires du gouvernement par correspondance directe, ou du moins les surveillait personnellement ; et, familier avec la statistique, la topographie et les intérêts des peuples divers qui habitent son vaste empire, il entretenait la prospérité générale par un ordre adapté aux besoins de chacun et de tous.

_____

(1) *Voyez* les ukases, concernant la condition des esclaves, leur non-transfert par la vente de la terre, l'abolition de la peine de mort, la diminution des cas où le knout doit être employé, etc.

Tel fut Alexandre; la même fidélité dans les descriptions le représentera tel qu'il est ; puisque le caractère individuel d'un autocrate, dont la volonté est le seul principe avoué de gouvernement, a nécessairement toujours une influence immense sur les mesures de son cabinet.

Alexandre n'avait d'autre alternative que de faire la paix avec l'Angleterre : c'était la condition implicite de la succession. Ses sentimens étaient d'accord avec ses obligations, et il profita de l'amélioration de ses finances pour mettre en action plusieurs sources de richesse et de force qui, jusqu'alors, étaient restées dans l'oubli.

Malgré une dépense continuelle et vraiment prodigue d'hommes et d'argent sur les frontières de Perse et de Moldavie, ses chantiers ajoutaient constamment à sa marine, et ses dépôts fournissaient de nouveaux bataillons.

Enveloppé, comme allié de l'Autriche, dans le désastre de la bataille d'Austerlitz (bataille résolue précipitamment, et perdue, on peut le dire en toute vérité, avant que le combat commençât, par un mouvement de flanc mal jugé), Alexandre lui-même fut peut-être le seul homme de son armée qui ne descendit point les montagnes Carpathiennes, désespérant de réparer les malheurs et la honte de cette campagne. Les efforts furent multipliés, selon l'exigence du temps ; et quand Buonaparte passa le Rhin pour attaquer la Prusse, cent vingt mille

Russes s'avançaient au secours de cette dernière
puissance.

La bataille de Iéna, qui renversa la monarchie
prussienne en un jour, et qui fit voir les drapeaux
français sur la Vistule au bout de quatorze jours, la
bataille de Iéna déconcerta les opérations projetées,
et réduisit la Russie à la défensive sur ses propres
frontières, avec cinq ou six mille auxiliaires décou-
ragés qui avaient échappé au naufrage, au lieu des
deux cent quarante mille hommes qui, peu de jours
avant, étaient sur pied pour coopérer avec elle.

Les batailles de Pultusk, d'Eylau, de Heilsberg
et de Friedland, ne purent (ou plutôt celle d'Eylau,
la seule occasion, ne le put) empêcher l'ennemi
de s'avancer successivement jusqu'au Niémen; et
Alexandre, alarmé de sa situation, accepta les conditions de paix que Buonaparte lui offrit. Buonaparte rendit ces conditions non seulement avanta-
geuses à la Russie, mais il les embellit de formes de
respect pour le souverain, qui adoucirent le sentiment du désappointement et de la défaite.

L'issue malheureuse de l'expédition de sir Georges
Duckworth, et le résultat du mouvement non au-
torisé des troupes anglaises d'Alexandrie sur Rosette
(car l'entreprise contre Alexandrie elle-même avait
été faite à la suggestion expresse du cabinet russe),
avaient certainement beaucoup chagriné Alexandre,
et avaient augmenté les forces des Turcs au point
d'obliger à faire marcher des renforts sur cette fron-

tière; renforts que l'on ne pouvait refuser sans danger à d'autres point d'un grand intérêt. Mais le motif réel qui le disposa à la paix fut la conviction acquise, pendant un court séjour à l'armée, qu'elle était trop faible en nombre et trop désorganisée, vu le manque d'arrangemens élémentaires, pour défendre d'une invasion les provinces polonaises incorporées à la Russie, où un esprit d'insurrection était à craindre; que, de plus, les secours dont on annonçait la marche, n'existaient même pas, et qu'il n'y avait pas vingt mille hommes pour couvrir ses deux capitales.

La paix qui rendit la couronne à son allié, quoique plusieurs des plus riches fleurons restassent dans la possession de l'envahisseur, diminua beaucoup les regrets personnels que l'issue de la guerre avait fait naître chez Alexandre comme homme; la paix qui lui donna une nouvelle portion de la Pologne, qui sanctionna ses vues sur la Turquie, quant au Danube, ainsi que la conquête de l'importante province de Finlande; cette paix fut favorable à sa politique générale; mais la paix qui lui donna du temps, du temps dont il était résolu à profiter, fut, avec l'expérience qu'il avait acquise des imperfections de son système militaire, d'une plus grande valeur encore, et, comme il le dit lui-même « de la plus grande valeur. »

L'attaque de Copenhague, qu'Alexandre déclara toujours être de nature à ne pouvoir se justifier

(puisque le prince royal de Danemark s'était déterminé à maintenir la plus stricte neutralité et à
résister à toute infraction, de quelle que part qu'elle
vînt, soit de terre, soit de mer); l'attaque de
Copenhague lui fournit le prétexte de déclarer la
guerre à l'Angleterre; politique dans laquelle il per-
sévéra, malgré les circonstances qui furent rappelées
à son esprit, et qui étaient bien propres à le détourner de mettre à exécution une mesure aussi im-
populaire.

La saisie de la Finlande fut extrêmement injuste;
mais l'acquisition de cette province était, pour la
Russie, de la même importance que celle de la
Normandie, sous la domination anglaise, le serait
pour la France. Le détrônement de la dynastie ré-
gnante en Suède, qui en fut la suite, n'avait jamais
été prévu et sera toujours déploré par Alexandre,
jusqu'à ce que l'injure soit compensée ou par une
indemnité ou par la restauration.

Buonaparte ayant de nouveau envahi l'Autriche
pour punir des négociations équivoques, faites
au moment où il était dans l'embarras, après la
bataille d'Eylau (1), ainsi que pour prévenir des
arrangemens hostiles qui tiraient à leur fin, somma

---

(1) Buonaparte dit au général autrichien envoyé pour reconnaître ses forces et sa situation, et qui n'arriva qu'après
que le danger fut passé : « Allez, et dites à votre maître
qu'il est en retard de deux mois; je suis prêt maintenant. »

la Russie, comme auxiliaire, d'entrer en Autriche du côté de la Gallicie. Les armées russes pénétrèrent dans cette province, et s'avançaient à Olmutz, quand le cabinet autrichien se résolut à la paix, et consentit à donner un gage d'amitié durable, un gage que la Russie refusa, dit-on, après la bataille de Tilsitt.

La paix ajouta encore à l'empire russe un territoire important et étendu; et quoiqu'il ait été rendu depuis, on n'attend, pour le réoccuper, que la convenance de l'empereur.

La défense de la Gallicie est aussi impossible, depuis que la Russie possède le grand duché de Varsovie, six cent mille hommes pour agir, et une population amie pour l'aider, que le serait la conservation du pays entre le Niémen (en ce moment sous la domination prussienne) , si jamais la Russie voulait le posséder, et que la Prusse ne fût pas assez sage pour négocier la cession et une indemnité.

Un parti anglais très-fort continua d'exister en Russie; et les individus intéressés dans le commerce, ce qui comprend une grande partie de la noblesse russe, murmuraient hautement du dommage causé à leurs fortunes, et conséquemment à la prospérité générale de l'empire, par le blocus maritime de l'Angleterre. Cependant, Alexandre persista; et ayant toujours présentes à l'esprit les impressions qu'il avait reçues de la campagne de la Vistule, il s'appliqua sans relâche à améliorer l'administration de l'armée, et à augmenter le nombre des troupes.

Buonaparte, qui avait cru et espéré que la guerre de Turquie aurait épuisé le trésor et les ressources militaires de la Russie, ou du moins, à tout évènement, aurait empêché l'augmentation de ses forces disponibles, ne vit pas sans étonnement et sans crainte le résultat des mesures administratives d'Alexandre.

En trois ans, la Russie avait perdu, de ses armées en Moldavie, par le climat plutôt que par l'épée, trente-six généraux, et cent vingt mille hommes. Cependant, une armée forte de soixante mille hommes, mieux équipée, organisée et disciplinée que jamais armée russe ne l'avait été, et qui égalait, peut-être même surpassait en composition générale, toutes les armées de l'Europe, était postée sur la ligne du Danube, et bloquait occasionnellement l'armée turque dans Schumla (au pied des montagnes Balkiennes), le rempart de Constantinople, rempart qu'un général comme Buonaparte eût eu depuis long-temps abattu par son ardent esprit d'entreprise.

La guerre de Perse avait consumé annuellement de dix à vingt mille hommes; mais chaque année améliorait les lignes de communication des Russes, et affaiblissait la frontière persanne.

Au lieu d'une faible armée pour garder le Niémen, cent quatre-vingt mille hommes étaient formés en trois lignes pour repousser toute attaque, et un autre corps de troupes considérable était cantonné en Finlande; tous les arsenaux étaient remplis de munitions; quinze cents pièces de canon étaient en campagne, des recrues se formaient dans chaque province, et une milice était établie dans tout l'empire.

Buonaparte, qui n'avait jamais oublié la bataille d'Eylau, et les qualités martiales d'une armée russe, vit que le temps était venu où la Russie allait ou reprendre cette attitude, qui fesait l'objet de son ambition (un établissement en Europe qui, d'après les propriétés stratégiques de sa position et de sa nombreuse population, lui assurât le commandement du continent), ou bien être délogée, rompue, repoussée, et réduite enfin à n'être guères plus qu'une puissance asiatique. Il choisit ce moment pour commencer ses opérations, parce qu'il craignait que la Russie ne pût engager le Turc à faire la paix, et que l'Angleterre n'acquît une nouvelle influence par ses bons offices en cette occasion ; peut-être aussi avait-il de bonnes raisons de soupçonner que le caractère de la guerre prolongée en Espagne, réveillait des sentimens hostiles chez des alliés malintentionnés, et les engageait à conclure des traités par lesquels ils s'obligeaient à se soutenir mutuellement, et à résister ensemble.

Contradictoirement aux avis de plusieurs de ses meilleurs officiers et hommes d'état, il refusa d'en-

2

voyer quatre-vingt mille hommes de plus pour compléter la conquête de la péninsule, et dégoûter la
nation anglaise des guerres continentales par la ruine
d'espérances si hautement excitées, et soutenues à
si grands frais. Il répondit toujours qu'il était plus
sage de laisser l'armée anglaise occupée dans un
pays aussi éloigné d'un autre où elle pourrait nuire
plus efficacement à ses intérêts.

A la tête d'une armée confédérée de plus de
quatre cent mille hommes, Buonaparte accusa
Alexandre d'une violation des traités et demanda
leur renouvellement.

L'issue de la campagne est connue ; mais l'histoire
réelle de toutes les transactions, si intéressante pour
l'homme d'état, le soldat, le philosophe et tous ceux
qui ont des sentimens humains, est encore cachée
au monde.

On peut seulement ici noter, pour l'avenir, que,
malgré la conclusion inattendue de la paix entre la
Turquie et la Russie, et l'hostilité improbable de
la Suède, le projet gigantesque de Buonaparte fut
exécuté dans toutes les parties qui opposèrent,
comme on l'avait présumé, d'insurmontables obstacles à sa réussite.

En occupant la ligne de la Dwina et du Dniester,
il avait rendu le rétablissement de la Pologne une
mesure optionelle ; et sa marche sur Moscou, que
dicta la vanité pour rendre plus célèbre la gloire de
la conquête, aurait pu n'être accompagnée d'aucun

désastre, ou même d'aucun inconvénient, si des spéculations politiques n'avaient engagé à rester dans cette capitale plus de vingt jours.

Il ne peut y avoir ici aucun désir d'exalter la réputation de Buonaparte, ou d'affaiblir, s'il était possible à la détraction de le faire, la valeur de l'héroïque armée, et du brave peuple qui s'opposèrent à lui ; Buonaparte lui-même a payé le plus beau tribut au dévoûment de cette armée, quand il a décrit les bataillons pliant sous son feu « ne voulant point se retirer, et ne pouvant cependant rester ; » mais le fait est que le manque d'énergie dans la direction des opérations russes, et une résolution à ne point faire une attaque concentrée et générale sur la ligne de marche de l'ennemi, eussent permis à l'armée française de regagner sa position sur la Dwina et le Boristhènes, si le froid ne fût subitement survenu, et si l'on n'eût négligé totalement de se pourvoir de fers convenables au climat ; les chevaux de Buonaparte en avaient seuls, et Caulincourt les sauva par cette précaution (1).

_____

(1) Pendant la retraite, un ducat, valant alors une livre sterling, était le prix d'un seul fer de cheval, même dans l'armée russe ; encore remerciait-on le vendeur. Mais les chevaux russes dans leur pays sont toujours ferrés à glace, pour être préparés à la gelée. L'artillerie et la cavalerie françaises étant hors de service, on ne pouvait faire aucune disposition pour protéger les troupes, soit pendant leur marche, soit pendant qu'elles se reposaient la nuit ; l'état de la

Une fois établie sur cette ligne, l'armée eût pu passer l'hiver en parfaite sûreté, puisque l'Autriche terrifiée aurait coopéré efficacement, et que toutes les ressources de la Pologne auraient été mises en action pour la campagne suivante.

Jamais il n'y a eu dans l'histoire moderne de campagne où chaque adversaire ait eu plus d'occasions d'obtenir une victoire certaine, et d'assurer la destruction totale de l'attaqué sans aucun risque, et presque sans aucune perte du côté de l'attaquant.

La fluctuation des conseils, au moment de l'opération, occasionna l'évacuation du camp retranché avec tant de dépenses à Driessa, etc., et l'abandon de la grande étendue de pays situé entre le Niémen et le Dniéper, ou Borysthènes, sans presque aucun combat.

Après les batailles de Smolensk (dans lesquelles les Polonais se distinguèrent éminemment par la hardiesse de leur logement dans les faubourgs), et l'évacuation volontaire de cette ville (l'ennemi n'avait pas fait la plus légère démarche pour obliger cette ville à se rendre, ni aucun mouvement qui nécessitât la retraite de l'armée qui l'appuyait), les

---

cavalerie empêchait aussi de se procurer des vivres ou des fourrages, si ce n'est dans les villes et les villages qui se trouvaient immédiatement sur la route. Cette cause peut paraître bien petite, mais ce fut exactement là la cause réelle des désastres de l'armée française.

forces russes, embarrassées dans une route de traverse avec six cents pièces de canon, et, de plus, une rivière à passer, n'avaient pu gagner la grande route de Moscou, et se déployer hors d'un étroit défilé dans lequel elles ne se mouvaient qu'avec difficulté, quand une partie de l'armée française, qui avait déjà passé la rivière (1), s'approcha de la pointe ou issue du défilé, qui seule permettait à la colonne russe de déboucher : à un demi-mille, le duc d'Abrantès (Junot) s'arrêta, et donna ainsi aux Russes le temps de porter sur le lieu du danger (2) quelques partis détachés qui, en dépit de tous les efforts suivans, maintinrent la position. Il perdit ainsi, comme le dit avec vérité Buonaparte « le plus opportun instant de sa vie » (de la vie du duc ; et on peut ajouter de celle de Buonaparte).

---

(1) Le corps de Bagration qui, par les plus grands efforts, joints à la fortune, échappa à l'armée détachée sous Davout pour l'intercepter, avait été posté à ce défilé, et avait reçu ordre de se retirer sur Doroghobouï, sans qu'aucun autre corps eût été commandé, ainsi qu'on se le proposait, pour remplacer le sien, et couvrir l'opération de la marche oblique.

(2) Le duc de Wurtemberg, oncle d'Alexandre, par ses efforts dans cette occasion, fut regardé comme ayant éminemment contribué à la sûreté de l'armée russe ; tandis que la valeur du prince Eugène de Wurtemberg, qui commandait un corps, ajouta dans toutes les occasions à la gloire de cette armée.

À Borodino, comme à Waterloo, les lignes étaient opposées aux lignes, l'homme à l'homme, et l'on fit un appel au courage de chaque soldat individuellement : l'issue de la bataille dépendait plutôt de l'exercice de la force que de la délicatesse des manœuvres ou des caprices de la fortune; l'exemple des chefs, la charge, l'attaque à la baïonnette, repousser l'ennemi ou tenir ferme, voilà toute la tactique de cette journée; le feu croisé des canons, la seule opération de stratégie. Mais après une retraite, rendue nécessaire par la perte de la batterie qui commandait la gauche et partie du centre de la position; après la prise de Moscou, qui fut accompagnée de transactions et de faits du plus grand intérêt, et que le monde ignore encore; quand, pendant douze jours, l'armée russe tourna autour des ruines fumantes de la capitale, pour regagner la route de Kalouga, elle était sans ligne de marche réglée, encombrée de tous les embarras possibles (1), et arrêtée par les obstacles de toute espèce; dans cette situation, les colonnes présentaient le flanc à l'armée française, qui était concentrée, et lui offraient une victoire infaillible.

---

(1) Depuis Smolensk, le peuple entier, sur le point d'être abandonné par les troupes, mit ses femmes, ses enfans et ses effets les plus précieux sur des chariots (chaque paysan en a au moins un), et se joignit aux colonnes, ajoutant ainsi à la confusion et aux besoins. L'armée devint enfin une nation errante.

Après la bataille de Malo-Jaroslawetz, si glorieuse pour le prince Eugène et son armée italienne, sans être préjudiciable en rien à l'honneur des troupes russes qui furent engagées (car la grande armée, qui n'était qu'à trois milles à dix heures du matin, fut obstinément empêchée de donner aucun secours jusqu'à quatre heures après-midi), après cette bataille, si Buonaparte avait, le second jour, poussé son avant-garde, au lieu de faire un mouvement oblique pour regagner la route de Moscou et de Smolensk, l'armée russe entière, obéissant à des ordres déjà donnés, se serait retirée derrière l'Oka, et aurait laissé une riche contrée, et une ligne de marche sûre, quelque direction que Buonaparte eût pu choisir pour rentrer en Pologne.

De l'autre côté, à la bataille de Tarutina, antérieure à celle de Malo-Jaroslawetz, Murat (comme il le dit lui-même dans son rapport), dans la présomption d'une suspension d'armes tacite, se laissa surprendre. Il ne serait pas échappé un seul homme de son armée, si les opérations du général Bennigsen, qui avait fait cinq trouées dans sa ligne de communication, avaient été soutenues activement par les soixante mille hommes qui se mouvaient, comme à une parade, à une portée de canon.

A Weismar, où, pendant une longue journée, Miloradowitch, avec un seul corps, attaqua trois corps de l'armée française, et remporta finalement sur eux de grands avantages; tandis que le gros de l'armée russe était bivouaqué à une distance où l'on entendait même la fusillade, car il n'y avait pas quatre heures de marche pour l'infanterie; à Wiazma, l'infanterie eût pu être ruinée.

A Krasnoï, où l'armée russe, forte de cent dix mille hommes, avec une cavalerie et une artillerie puissantes, était rangée en bataille, et où elle resta paisible spectatrice de l'armée française, qui défila devant son front pendant vingt-quatre heures, jusqu'à ce que l'arrière-garde de son arrière-garde fût presque retirée (1); à Krasnoï, la guerre aurait pu être terminée.

Et vraiment, Bennigsen, Strogonoff et Gallitzin, quand ils commencèrent l'attaque, le firent parce qu'ils ne voulaient pas s'abstenir plus long-temps d'attaquer une position qui n'avait jamais été occupée que par une armée sans cavalerie qui pût quitter la route (2); par une armée sans un canon qui pût monter la plus légère pente, si ce n'est à bras d'hommes (3); par une infanterie enfin que le manque de munitions empêchait de s'engager dans un combat

_____

(1) Il y eut quelques actions partielles de gens détachés avant que l'armée française filât dans ses positions, mais aucune opération générale.

(2) Elle avait cessé d'être une cavalerie; les chevaux pouvaient à peine se traîner.

(3) La route était remplie de ravines, dont les côtés étaient glissans comme de la glace : ce fut dans ces ravines que les canons français furent abandonnés.

prolongé; dont les membres étaient déjà à demi
gelés, et que la famine avait réduite au point d'exciter l'indignation d'un Cosaque : « N'est-ce pas une
honte de voir ces squelettes sortir de leurs tombeaux? »

A ce mémorable Krasnoï, où Ney, le troisième
jour, livra un combat que la furie de l'attaque et
l'intrépidité de la défense pourraient faire nommer
un *combat de héros* ; à Krasnoï, d'où le même
maréchal ramena les vaillans restes de son corps
d'armée, en traversant un pays inconnu, et rejoignit
Buonaparte (1), quoique toute l'armée russe eût fait
halte (2) et eût pris position pour résister à sa colonne
et intercepter sa retraite; à Krasnoï, une disposition judicieuse, sans abandonner la poursuite de
l'armée de Buonaparte, aurait rendu la prise du
corps entier inévitable.

A la Bérésina, où Buonaparte, renforcé par Ou-
dinot, ne trouva qu'un corps de quatre-vingt mille
hommes sous Tschichagoff, pour garder une ligne
de rivière de trente milles, jusqu'à ce que Vitgenstein fût arrivé pour contribuer aux désastres qui
suivirent, et à une poursuite sans relâche; où Tschi-

---

(1) Buonaparte apprenant l'action avant que Ney eût re-
paru, dit : « Je donnerais dix millions de mon trésor, pour
qu'il fût en sûreté »

(2) Cette halte permit à Buonaparte de passer le Borysthènes et la Bérésina. L'armée française passa la première
de ces rivières à Orscha, et la dernière à Weselowo, dans la
direction de Zembin.

chagoff ne présenta un corps d'armée pour arrêter
Buonaparte, qu'en désobéissant aux ordres qu'il
avait reçus de marcher sur Jngumen, dans la persuasion que l'armée française prendrait cette direction ; où il n'arriva un seul soldat de la grande armée
russe que deux jours après que le passage eût été
effectué ; à la Bérésina, encore, comme dans les
premières occasions, si l'on avait fait un usage convenable des avantages qu'offraient la supériorité des
forces totales , les positions, la nature et l'état de
l'ennemi, le zèle enfin et le courage des officiers
et des soldats russes , qui, heureusement pour l'honneur de leurs armes , ne furent pas toujours retenus,
il n'eût pu échapper un seul homme de toute l'armée
française.

L'armée russe sous Kutusow, qui, au commencement de la poursuite, montait à cent vingt mille
hommes effectifs, ne pouvait mettre en bataille que
trente-cinq mille hommes (1), arrivée sur les frontières du duché de Varsovie; et à ce corps abîmé
était opposé un nombre plus grand de troupes
fraîches, en comparaison, sous un général autrichien,
dans un pays ami; et où tout homme est soldat, sans
compter plusieurs milliers de Polonais qui avaient
échappé à la ruine de la grande armée française, et

_____

(1) Il y avait plusieurs compagnies sans un seul homme ,
et un grand nombre de bataillons qui n'en avaient pas
cinquante.

qui seuls de tous les corps dont cette armée était composée, ramenèrent leur artillerie, témoignage immortel de leur discipline et de leur courage.

Les corps de Vitgenstein et de Tschichagoff ne montaient pas à vingt-cinq mille hommes; mais la défection opportune du général York, avec environ quatorze mille Prussiens, ne leur laissa en tête que les restes de l'armée française sous Murat, et les garnisons de la Vistule qui avaient été largement renforcées par les fugitifs de la Russie. Dantzick seul contenait trente-cinq mille hommes; et ce fut la fièvre qui ne laissa que dix mille hommes à l'époque de la capitulation.

Murat avait les moyens et la volonté de réunir quarante mille hommes; et s'il se fût joint aux Autrichiens, à Varsovie, la Russie eût vu ses armées, ou plutôt les squelettes de ses armées, forcés de rétrograder jusqu'au Niémen. Telle avait été la destruction, même parmi les Russes, qu'un renfort de dix mille hommes envoyé sur Wilna, n'en comptait plus que quinze cents à son arrivée; et le lendemain, sept cents étaient déjà dans les hôpitaux, ou plutôt dans les charniers de la ville (1).

----

(1) Plus de dix-sept mille hommes morts et mourans, gelés et gelans, furent laissés dans les hôpitaux de Wilna. Les corps des premiers, rompus, servaient à boucher les ouvertures des fenêtres, des planchers et des murs. Dans un des corridors du grand couvent, plus de quinze cents

L'avis de Murat fut rejeté, et le général autrichien, à la grande surprise et au désappointement des habitans, abandonna la ville et le duché de Varsovie, d'après des ordres reçus de Vienne de signer la convention proposée.

La Vistule fut passée, et le gros de l'armée russe, réduite par de nouvelles maladies et de nouveaux efforts, ne présentait en ligne que dix-huit mille hommes, lorsque la campagne finit par la prise de Kalich.

---

corps étaient entassés transversalement les uns sur les autres comme des lingots de fer ou de plomb. Quand on les emporta sur des traîneaux pour les brûler, la variété de leurs attitudes présentait les figures les plus extraordinaires; aucun d'eux ne paraissait avoir été gelé dans un état de repos; chacun était fixé dans la dernière action de sa vie, dans la dernière direction donnée à ses membres; les yeux mêmes retenaient encore leur dernière expression de rage, de douleur ou de supplication. Sur les routes, les hommes étaient rassemblés autour des ruines brûlantes des chaumières, qu'un mauvais esprit de destruction avait incendiées; là, ils nettoyaient et mangeaient les corps brûlés de leurs semblables; tandis que des milliers de chevaux expiraient en gémissant, déchirés, hachés en lambeaux pour satisfaire une faim terrible qui ne connaissait plus la pitié. Sous la plupart des hangars, des hommes à peine vivans, avaient entassé sur leurs corps gelés des carcasses humaines, que la communication de la chaleur animale corrompait, et qui mêlaient les morts et les mourans dans une masse de putréfaction.

L'avantage de cette campagne pour la Russie fut aussi grand que le mal qu'avait voulu lui faire son ennemi. La capitale fut, il est vrai, consumée avec d'immenses richesses; plusieurs de ses provinces furent dévastées par une furie destructrice, et elle perdit plus de deux cent mille hommes de troupes régulières. Mais les ressources de l'Empire développées, l'esprit national électrisé, furent d'abondantes et durables compensations pour des maux que le temps et l'industrie pouvaient réparer.

Buonaparte avait été mal informé sur plusieurs points relatifs à la Russie. Ses trois principales erreurs sont la persuasion qu'il n'y avait de bonnes routes qu'où la neige durcie couvrait la surface de la terre; que la culture était négligée, et que la population était éparpillée. Il trouva des routes aussi belles et même plus larges qu'aucune des routes de France, car trois canons pouvaient s'y mouvoir de front, en laissant entr'eux des intervalles considérables; un pays fertilisé et abondant en alimens de toute espèce; et dans les grandes provinces qui environnent Moscou, une population condensée, au point d'égaler, sur un espace de terrain donné, le nombre des habitans que peut offrir une partie quelconque de l'Europe sur le même espace. Il vit aussi des paysans mieux logés, mieux habillés, et, selon leurs habitudes, mieux nourris qu'aucuns paysans du continent, ou même de l'Angleterre moderne. Cependant, il n'est pas douteux qu'on eût pu fo-

menter en Russie une guerre *servile*, si la discipline de l'armée hétérogène de Buonaparte eût
été maintenue de manière à éviter les outrages et les
insultes qui exaspérèrent des préjugés religieux ; et
il n'est pas moins vrai que, malgré ces motifs d'a-
liénation, ce fut Buonaparte qui rejeta les offres
d'insurrection qu'on lui fit pendant qu'il était à
Moscou.

Alexandre, pendant cette crise, avait déployé un
degré de fermeté qui dérangeait tous les calculs de
Buonaparte et de ses coadjuteurs. Il s'engagea,
comme souverain et comme homme, à ne jamais
consentir à traiter avec Buonaparte, tant qu'il y
aurait une armée ennemie sur son territoire ; et son
inflexible fermeté rendit vaines ces tentatives de
négociations qui, dit-on, n'ont pas été découragées
de la même manière dans d'autres pays.

Ses plans embrassaient même l'avenir ; et une anecdote soigneusement répandue à une époque subsé-
quente, relative à ce qui se passa à Abo, donne une
preuve mémorable et frappante de sa politique pré-
voyante.

L'Angleterre et la Russie s'étaient déterminées à
adopter, à l'égard du Danemark, la même ligne de
conduite qui, selon la déclaration d'Alexandre,
avait auparavant occasionné la guerre entre lui et les
Anglais. Tels sont les principes variables, et l'on
peut dire révolutionnaires, des cabinets !

Alexandre insista pour que la Suède fût indemnisée de la perte de la Finlande, par la cession de la Norwège, dans le cas où le Danemark refuserait d'entrer dans la coalition.

Le ministre anglais oubliant que la Russie, par la possession d'Aland, de Sweaborg et des golfes entiers de Finlande et de Bothnie, était de fait la maîtresse de Stockholm, consentit à cette cession, qui livrait à la même influence et à la même autorité un pays aussi important par ses ressources maritimes (1), ses ports et sa position. Le traité signé, Alexandre, qui, comme nous l'avons dit plus haut, se ressouvient toujours du mal qu'il a fait à son neveu sans le vouloir, développa le véritable objet de l'arrangement, en disant à Bernadote : « Si Buonaparte ne réussit point dans son attaque contre mon Empire, et qu'en conséquence de sa défaite le trône de France devienne vacant, je ne vois personne plus susceptible que vous d'y monter; » mots importans qui servent de clé pour expliquer un grand nombre de mystères futurs.

Alexandre, après avoir joint l'armée russe à Wilna, avait donné un encouragement utile aux efforts individuels par son propre exemple, supportant les privations, le froid, la fatigue, etc.; et cet exemple, ajouté à une grande affabilité, produisit non seulement de très-bons effets sur le soldat,

---

(1 On compte que la Norwège fournissait dix mille matelots à l'Angleterre.

mais encore soutint l'enthousiasme de la nation russe.
Au quartier-général de Kalich, il fut également re-
marquable par son activité. Des courriers, chargés,
en un grand nombre d'occasions, de lettres auto-
graphes, furent expédiés dans toutes les directions
pour ramener les blessés et les malades rétablis,
pour faire avancer les nouvelles recrues et les provisions médicales; enfin pour inspirer l'ardeur du
souverain dans toutes les branches du gouvernement.

Ses efforts obtinrent un plein succès : des contributions volontaires en hommes et en argent furent
versées par la noblesse; et tout l'empire retentit des
houras de la victoire, des hymnes en actions de
grâces et du *pashol,* mot de marche : *la Pologne et
Paris.*

Les Cosaques, enrichis par l'immense butin que
leur vigilance, leur activité et leur valeur leur avait
acquis, sortirent de nouveau du Don comme un
torrent; et les vétérans les plus âgés, les enfans les
plus jeunes capables de brandir la lance furent vus
journellement dans les renforts qui venaient se ran-
ger sous la bannière de leur hetman si justement
vénéré.

Les opérations du cabinet ne furent pas moins
vigoureusement conduites ni accomplies avec un
moindre succès.

Le roi de Prusse, qui avait désavoué la conduite
du général York, et qui s'était résolu à tenir fidè-

lement ses traités avec Buonaparte, signa enfin le traité d'alliance offensive et défensive avec la Russie; mais il n'y consentit qu'une heure avant la signature; et alors même il ne le fit que sous l'intimation qu'un gouvernement provisoire pourrait bien être établi dans son royaume (1).

Dans le mois de mai, une armée de quatre-vingt mille Russes et soixante mille Prussiens passa l'Elbe près Wittemberg et Dresde.

Buonaparte, qui n'avait pas été moins actif ni moins énergique, se présenta à Lutzen; une disposition maladroite de la cavalerie, et le défaut d'efforts simultanés de la part des alliés, lui donnèrent une victoire sanglante qui aurait ruiné leurs armées s'il eût eu un peu de cavalerie pour les suivre dans leur retraite (2).

Des renforts remplacèrent les pertes des Russes; les négociations offertes par Buonaparte furent rejetées, et la bataille de Bautzen fut hasardée, en contradiction avec toute science militaire, toute prudence politique.

Les Français, par une attaque en flanc d'une po—

---

(1) Buonaparte, qui connaissait cette anecdote, et qui y fit allusion dans un de ses bulletins, parla toujours de la bonne foi du roi de Prusse avec beaucoup de respect.

(2) L'arrière-garde russe fut dix jours sans pouvoir passer l'Elbe; et pendant ce temps, elle eut à protéger dix mille chariots de toute espèce, avançant sur une seule et même route.

sition saillante, écrasèrent les Prussiens (qui combattirent vaillamment) et restèrent maîtres du champ
de bataille; mais la retraite qui finit à l'affaire de
Reichenbach, où Duroc fut tué, ajouta à la gloire
des Russes et à la confiance des alliés.

Un armistice suivit, et, pendant les négociations,
soixante mille hommes de bonnes troupes arrivant
d'Odessa et de provinces éloignées, entrèrent dans
les camps russes.

L'Autriche se refusait encore à quitter la position
d'arbitre et à se joindre à la coalition; et les intérêts
de Buonaparte exigeaient la paix pour dissoudre
une confédération que chaque jour agrandissait et
consolidait. L'orgueil ou le destin prévalurent. Il ne
voulut pas même écrire à l'empereur d'Autriche une
note conciliatoire qui aurait suffi pour reculer l'é-
poque prescrite pour une réponse diplomatique; et
les Autrichiens marchèrent!

Rendre un compte détaillé des évènemens militaires qui suivirent, serait sortir des limites que l'on
s'est proposées dans cette espèce de sommaire; mais
les grands évènemens et les changemens de la fortune s'offrent avec une impression trop puissante,
et doivent avoir attiré la curiosité publique beaucoup trop pour être passés sans être au moins re-
marqués.

Une tentative faite par le maréchal Ney pour
prendre Berlin, couvert par les armées russes et
prussiennes, avait été déjouée avec une grande perte,

tandis que les troupes françaises en Silésie, qui avaient reçu l'ordre de rétrograder sur Dresde, avaient été pressées par les forces alliées de ce côté, et avaient en outre beaucoup souffert du débordement d'une rivière.

Les opérations subséquentes contre Dresde, dans lesquelles plus de deux cent mille hommes des troupes alliées furent employés, avaient été déconcertées par l'activité et la judicieuse audace de Buonaparte à la tête de quatre-vingt mille hommes.

Les confédérés, poussés dans les défilés des montagnes de Bohême et de Saxe, perdirent au moins quarante mille hommes dans cette campagne de quelques jours ; et ils auraient été anéantis, comme l'armée russe eût pu l'être après la bataille de Smolensk, sans qu'il leur fût possible de se former ou de résister même par bataillons, si Vandamme eût pu gagner la bouche du défilé dont une fois il ne fut éloigné que d'une lieue ; mais que couvrit le dévoûment héroïque d'Ostermann avec cinq mille Russes. La persévérance de Vandamme à rester sur une fausse position dans la plaine au bas de la montagne, après que la première tentative eût manqué, occasionna sa ruine (1) ; tandis que l'armée alliée gagna

_____

(1) Ici même les vicissitudes de la fortune furent remarquables. Les Prussiens s'étant emparés des hauteurs, au lieu d'y prendre position, descendirent en colonne avec un grand train d'artillerie. Quand les alliés furent débouchés

non seulement sa propre conservation et la victoire, mais encore la confiance, qui fit oublier les premiers désastres, et les répara véritablement en permettant de reprendre sur le champ l'offensive.

D'un autre côté, Buonaparte avait perdu l'occasion de profiter de la retraite de la grande armée alliée, à cause d'une erreur dans l'ordre envoyé à Ney, qui, au lieu de retourner seul à Dresde, fit faire à son corps une marche de plusieurs jours en arrière.

Les batailles suivantes, comprises sous le nom de bataille de Leipsik, sont les plus mémorables dans l'histoire de la guerre, tant par le nombre des troupes engagées, les efforts que firent tous les corps, et la grandeur de l'objet pour lequel on combattait.

Le 12, les Russes avaient reçu un sévère échec de la cavalerie française, vaillamment conduite par Murat, qui chargea plusieurs fois le sabre à la

---

sur la position de Vandamme par diverses attaques de front et de flanc, la cavalerie française résolut, en désespérée, de se frayer un chemin au haut de la montagne à travers les Prussiens ; la pente était si escarpée que, dans d'autres occasions, peu de chevaux eussent pu la gravir au trot le plus doux, et cependant les Français montèrent avec tant de force et de puissance, qu'ils renversèrent complètement toute la colonne prussienne, et s'emparèrent de tous les canons. Cette artillerie resta finalement aux alliés ; mais la plus grande partie des chevaux fut enlevé, et un grand nombre de canonniers furent massacrés. « *Victores que cadunt Danai.* »

main, le premier sur l'ennemi, le dernier à en revenir.

Les opérations combinées ne commencèrent cependant que le 16.

Dans cette journée, les alliés furent complétement repoussés, perdirent plus de trente mille hommes, et furent obligés de remettre au surlendemain à renouveler le combat, afin de recevoir un renfort de cinquante mille hommes arrivant des environs de Dresde.

Dans l'intervalle, Buonaparte, par la prise du général Merveldt, avait été informé de la défection si long-temps négociée de la Bavière, de la jonction d'un corps autrichien et d'une armée bavaroise ; enfin de leur descente projetée sur sa ligne de communication près de Hanau.

Il ordonna sur le champ la retraite, et renvoya le général Merveldt avec des offres de paix, que ce général apporta (pendant que les troupes alliées marchaient à l'attaque dans la matinée du 18), en annonçant en outre que le mouvement rétrograde était déjà en exécution, et que l'armée française avait déjà évacué le premier champ de bataille pour se concentrer et couvrir Leipsik, tandis que l'artillerie de réserve et les bagages filaient sur la Saal et sur Erfurt. Cette nouvelle fut confirmée par les rapports successifs de divers commandans, et par l'échec qu'éprouva un corps autrichien posté sur cette ligne de communication. Le résultat des mouvemens proposés et l'objet de la campagne se trouvaient ainsi déjà assurés; mais les alliés cherchèrent à profiter de la nécessité où se trouvait l'ennemi; et il n'eut d'autre alternative que de combattre, non pour les fruits de la victoire auxquels il était accoutumé, mais pour sa propre conservation.

Cent quatre-vingt mille hommes et plus de mille pièces de canon attaquèrent la position défendue par cent vingt mille adversaires; et, malgré la défection de l'armée saxonne pendant la bataille, malgré le courage ardent et persévérant des troupes alliées, on ne put enlever à l'ennemi un seul des villages qu'il s'était proposé de conserver comme essentiels à sa position.

La nuit termina l'action, laissant aux défenseurs de Probstheyde la gloire d'avoir inspiré à leurs ennemis une généreuse envie.

Mais, tandis que la présence de Buonaparte avait obtenu tant de gloire et de sûreté pour le gros de l'armée française, les armées suédoises et prussiennes réunies, qui avaient défait le 14 à Radefeld trois corps sous Marmont, avaient obtenu de nouveaux succès, et ouvert une communication directe avec la grande armée alliée; de sorte que la position de Leipsik devenait, de moment en moment, plus critique.

Les alliés, qui, dans les différentes actions, n'avaient pas perdu moins de soixante mille hommes, ne se proposaient pas de renouveler le combat le lendemaiu matin, mais de faire un mouvement, et de traverser l'Elster pour intercepter les corps qui pourraient rester en position sur la rive droite, tandis qu'un autre corps poursuivrait les colonnes qui seraient passé, et aiderait ainsi l'opération des Bavarois.

Mais il se trouva que les troupes françaises avaient battu en retraite pendant toute la nuit, et que leur arrière-garde était retirée dans Leipsik, place à l'abri d'un coup de main.

Buonaparte, l'esprit constamment tourné sur le mouvement bavarois, dont il savait bien apprécier toute la fatale efficacité, avait pressé la retraite continuelle de ses troupes, en en surveillant lui-même l'exécution jusqu'à près de midi, heure à laquelle il quitta la ville, seulement quelques minutes avant que les Cosaques eussent paru autour des murs, et dans la plaine qui se trouvait entre la Pleisse et eux.

Buonaparte avait ordonné de jeter trois ponts sur cette rivière, qui est étroite, mais profonde, et dont les bords sont difficiles à gravir; mais cet ordre ne fut point exécuté, et les troupes furent obligées de défiler sur un seul pont, le seul qui existât. Il en résulta beaucoup de retard et de confusion, parce que la presse augmentait à mesure que la fusillade avançait.

Quelques Cosaques s'étaient d'abord approchés des faubourgs, qui avaient été aussi fortifiés; ensuite, des tirailleurs vinrent après eux, sans ordre positif;

d'autres suivirent, car il y avait à peine de la résistance ; et enfin les dernières colonnes s'avancèrent
avec du canon pour forcer le passage.

Quand Buonaparte eut quitté la ville, le roi de
Saxe, qu'il avait laissé sur sa propre demande, envoya offrir aux souverains alliés de leur rendre la
Cité ; ceux de ses soldats qui n'avaient point dé-
serté, et les troupes de Weimar et de Baden, étaient
sur la place, les armes renversées, attendant l'entrée
des alliés.

Les Français avaient abandonné tous leurs blessés
et leurs malades dans la Cité ; mais l'armée entière
avait passé l'Elster en sûreté, sauf une arrière-garde
d'environ huit mille hommes. En ce moment, le
parti de Cosaques dont nous verrons de parler,
ayant tourné la ville, parut dans la plaine de l'autre
côté : l'officier chargé de la destruction du pont,
pour empêcher la poursuite après le passage de
l'armée française, fut frappé d'une terreur panique,
et mit le feu à la mine. Ceux qui n'avaient point
encore gagné la rive gauche se virent ainsi couper
la communication avec leurs colonnes ; une partie
d'entr'eux périt en cherchant à passer à la nage, et
c'est de ce nombre que fut le généreux, le brave,
le patriote Poniatowski ; d'autres furent tués ; mais
la plus grande partie furent faits prisonniers.

Les souverains alliés entrèrent bientôt sur la
grande place de Leipsik. Le roi de Saxe était cons-
titué prisonnier dans une maison, aux fenêtres de

laquelle il parut un moment pour voir l'entrée
triomphante et la réunion de ses frères les empereurs
et les rois, et pour éprouver la mortification de s'a-
percevoir que sa présence était indifférente.

Ce fut à Leipsik que le prince royal de Suède, et
Alexandre, se rencontrèrent pour la première fois,
depuis les conférences d'Abo.

Alexandre sentait toujours les mêmes dispositions politiques en sa faveur; mais un grand nombre
d'évènemens s'étaient passés, qui avaient diminué sa
popularité dans la coalition.

Le traité qui donnait à la Suède douze cent mille
livres sterlings par an, et l'assurance de la possession
de la Norwège, était pour le gouvernement de ce
pays une grande tentation d'abandonner ses liaisons
avec la France; mais en même temps il donnait
droit d'attendre de grands efforts, et des services
généreux. On pensait que, depuis le commencement des opérations, le prince royal de Suède avait
beaucoup trop économisé les troupes; et, quand il
justifia ses précautions, en observant que « s'il per-
dait son armée, qui ne pouvait se recruter, il per-
drait son trône, » on trouva qu'il raisonnait comme
Bernadotte, et non comme le chef de troupes
payées.

Le fait est que Bernadotte s'était mis dans une
fausse position, en combattant pour la destruction
de ces mêmes troupes auxquelles il devait ses honneurs et sa fortune; et que chaque mort, chaque

blessé, chaque prisonnier français sur lequel il jetait les yeux, était pour lui un reproche auquel il ne pouvait manquer d'être sensible.

Les souverains le virent, probablement avec plaisir, partir pour agir contre le nord de l'Allemagne, et son départ a pu être accéléré par la réflexion que les monarques, dans la prospérité, ne voient point d'un œil favorable, dans le cercle royal, des héritiers élus de trônes héréditaires.

Buonaparte marcha avec une grande rapidité pour gagner le Rhin, afin de prévenir la position que devait prendre le général de Wrède sur la route. A chaque instant il recevait avis de ce mouvement; mais Wrède était arrivé à Hanau, avec environ trente mille hommes, y compris le corps de Frimont.

De fausses informations sur l'état de l'armée française en retraite, et la croyance qu'elle était suivie (1) de près par la grande armée alliée, ajou-

---

(1) Schwartzemberg avait fait tous ses efforts, mais il était impossible de poursuivre avec plus de rapidité, à cause du manque de provisions. Schwartzemberg, commandant en chef, dirigea lui-même tous les mouvemens, et il n'y a point d'officier en Europe plus propre à la conduite d'une grande armée. A une grande activité et au courage, il joint une connaissance supérieure des devoirs d'un chef qui assurent l'ordre dans les combinaisons et l'exactitude dans les dispositions. A ces talens, il ajoute encore une douceur et une patience de caractère qui l'ont fait chérir dans l'armée, et qui ont conservé l'union parmi les alliés. Sans lui, il y aurait eu, plus d'une fois, de sérieuses dissensions.

tées à des sentimens ardens, engagèrent les Bavarois à s'avancer imprudemment; ils furent obligés
de se replier ensuite et de se concentrer dans une
position trop resserrée et qui n'avait pas été suffisamment examinée.

Buonaparte connaissait le prix du temps et ce
que peut une entreprise audacieuse. Sa cavalerie
et son artillerie exécutèrent ses ordres avec la promp-
titude et le courage nécessaires. L'armée confédérée
fut mise en déroute, quinze mille hommes furent
tués ou blessés; et, ce qui a quelqu'analogie avec
la bataille de Culm, les fugitifs marchèrent sur les
pas de la victoire.

Mais Buonaparte ne put reprendre l'offensive.
Il fut obligé, après avoir laissé une arrière-garde
à Hockheim, dont elle fut bientôt après chassée,
de jeter ses troupes dans les forteresses de France.
La jeunesse et les efforts extraordinaires que ces
troupes avaient faits, firent naître des fièvres, et il
périt des multitudes de soldats français.

Lorsque Buonaparte ignorait encore la défection
et le mouvement des Bavarois, il s'était proposé de
maintenir ses positions sur l'Elbe, et avait laissé
Saint-Cyr à Dresde avec près de trente mille hommes,
pour tomber sur le flanc et les derrières de l'armée
confédérée qui s'avançait sur Leipsik. En quittant
cette dernière ville, il espérait que Saint-Cyr ap-
prendrait promptement sa retraite, évacuerait Dresde
pour passer sur la rive droite de l'Elbe, où, réunis-

sant les garnisons de Torgau, Wittemberg, etc. (1),
avec les troupes de Davout, il aurait formé une
armée de près de cent mille hommes, couverte en
partie par Magdebourg, soutenue par le Danemark,
et généralement maîtresse de positions qui, non seulement auraient été imprenables, mais auraient nécessairement inquiété la Prusse et la Saxe au point
de paralyser toutes les opérations projetées des alliés, et de lui donner le temps de renouveler son
armée.

L'occasion se présenta, mais elle fut perdue,
peut-être par un avis inexact ou trop tardif; et enfin
Saint - Cyr, considérant la composition de sa garnison, dans laquelle il y avait un nombre extraordinaire d'officiers, crut mieux servir sa patrie
en consentant à capituler, à condition que « son
« armée entière aurait le passage libre jusqu'en
« France. »

Les motifs qui déterminèrent le général Saint-Cyr
furent, d'ailleurs, précisément ceux qui rendirent
les termes de la capitulation inadmissibles pour les
intérêts des souverains alliés, quoique le général
commandant l'armée de siége, Kleinau, les eût
adoptés, et que l'évacuation de la ville eût com-
mencé sur la foi de ses pleins pouvoirs prétendus

---

(1) En évacuant les garnisons de l'Oder, ce qu'on aurait pu
faire, on en aurait tiré douze mille hommes environ, peut-
être Berlin même était ouvert à un coup de main.

et de sa signature. On offrit à Saint-Cyr de le replacer dans Dresde avec sa garnison; mais il était
aussi impossible de lui rendre tous les avantages
de sa première position, qu'il le serait d'accorder
à un accusé un nouveau jugement, après que la nature de sa défense aurait été exposée.

Saint-Cyr protesta donc « contre cette violation
de la bonne foi et de l'honneur militaire. » On le fit
partir néanmoins lui et sa garnison comme prisonniers de guerre en Autriche, tandis que Kleinau fut
envoyé à Vienne pour être jugé par un conseil de
guerre, qui l'acquitta très-honorablement.

Un semblable procédé avait lieu presqu'en même
temps à Dantzik, où, après un siége honorable pour
les forces respectives, on annula une capitulation
entre le général Rapp (1) et le duc de Wurtemberg;
officiers qui se seraient plutôt coupé la main que
d'apposer une signature pour tromper, et qui ne
pouvaient soupçonner la mesure adoptée.

Alexandre, quoiqu'il ne fût point de nom commandant en chef des alliés, exerçait une grande influence et recevait les principaux hommages des
Allemands; ce qui fut dû sur-tout à l'affabilité de
ses manières. Pendant la marche, il était toujours

---

(1) Le général Rapp, dans toutes les occasions, s'est acquis beaucoup d'honneur; c'est un des officiers qui ont toujours su concilier l'estime publique avec l'exécution de leurs
devoirs.

à la tête de ses troupes et ne laissait échapper aucune occasion pour leur instruction. Son attention
ne se bornait point à la discipline militaire : les
choses utiles à la Russie faisaient l'objet de ses
constantes recherches. Tout artiste, tout ouvrier,
tout mécanicien qui se présentait avec les moyens
d'être utile, était sur le champ engagé ; et il y avait
toujours du monde employé à découvrir des hommes
et des choses dignes de ses remarques.

Des négociations furent proposées à Francfort.
L'intervention de l'Angleterre, aidée de quelques
avis de Paris sur l'état de cette capitale, les rendirent froides de la part des alliés, et peut-être ne fu-
rent-elles jamais sincères de celle de Buonaparte.

L'invasion de la France fut proposée.

L'Autriche y consentit, pourvu que Murat se joi-
gnît à la coalition, et ôtât ainsi toute inquiétude pour
Vienne du côté de l'Italie. Alexandre y donna son
assentiment, pourvu que la Suisse sanctionnât l'o-
pération, en accordant le passage du Rhin sur son
territoire.

Des officiers confidentiels furent envoyés pour
reconnaître le terrain, et, sur leurs rapports, on fit
les préparatifs convenables.

Quelques milliers d'hommes passèrent en silence
au crépuscule, et furent reçus les bras ouverts,
quoique peu de jours auparavant la diète se fût décidée à défendre sa neutralité contre tous les
partis.

Les alliances forcées seront toujours sujettes aux vicissitudes de la guerre. Le faible appui de l'Autriche, quand Buonaparte se trouvait au milieu des embarras de la campagne de Russie, la défection du général York, la désertion des Saxons, la conduite même de la Bavière, tous ces évènemens étaient probables, car il y avait des causes suffisantes, où l'on ne manquait pas d'exemples dans l'histoire ; mais qu'un peuple libre (les descendans de Guillaume Tell), jouissant d'une indépendante neutralité, qui avait la permission de la conserver, et qui était dans une position à la maintenir, dût abandonner ou négocier un droit si important pour lui, et si solennellement déclaré inviolable, c'est une chose qui ne pouvait être conçue que par ceux qui tiennent que la vertu publique n'est qu'une théorie utopienne (1).

La France, se confiant dans les remparts de la neutralité suisse, avait toujours négligé de fortifier la frontière opposée : elle se trouva donc entièrement à découvert de ce côté.

---

(1) La Suisse a introduit la torture dans quelques-uns de ses cantons, et elle paraît avoir un gouvernement aristocratique, tel précisément que Gibbon l'a décrit dans son *Day*, quand il se sert du langage de Porsenna :

..... Qu'il vaut mieux qu'un roi sur le trône affermi,
Commande à ses sujets malheureux, mais soumis,
Que d'avoir à dompter au sein de l'abondance,
D'un peuple trop heureux l'indocile arrogance.

L'Autriche ayant reçu l'assurance de la coopération de Murat, et de nouveaux encouragemens de
la capitale de la France, marcha sur Paris; en
même temps les Prussiens forcèrent le passage
du Rhin, près de Manheim, et s'avancèrent sur
Nancy.

Les évènemens qui eurent lieu à cette époque,
sont familiers à la mémoire publique; et plus on
les examinera, après que tous les sentimens de
partis seront apaisés, quand aucun préjugé, aucune partialité n'égarera le jugement ou ne diri-
gera l'examen, plus ils ajouteront à la réputation
de Buonaparte comme grand capitaine.

Avec soixante mille hommes braves et infatiga-
bles, il déjoua les opérations de deux cent mille
pendant plus de six mois; il obtint des victoires
qui obligèrent Alexandre à envoyer chercher le
commandant Autrichien, dans son lit, à quatre
heures du matin, « pour lui dire qu'il désirait qu'il
dépêchât sur-le-champ un courrier à Châtillon,
avec les ordres nécessaires pour la signature du
traité de paix, tel que le demandait le négociateur
Français », jusqu'au moment où, pour le malheur
de son maître Buonaparte, ce négociateur apprit ces
mêmes succès, qui firent enfuir l'empereur d'Autriche
dans un droska allemand, avec un seul noble et
un domestique, pour se mettre en sûreté à Dijon,
y rester trente heures prisonnier virtuellement, et
réellement si quelque Français eût fait son de-

voir (1); victoires qui poussèrent l'armée alliée, forte alors seulement de cent vingt mille hommes, et tous les souverains, entre la ville de Paris et son canon, sans aucune ligne de communication avec le Rhin, sans magasins intermédiaires, etc., sans munitions et sans provisions, si ce n'est celles qui étaient en mouvement avec l'armée elle - même ; victoires, qui les jetèrent dans un labyrinthe dont ils ne pouvaient s'échapper, ce qu'ils étaient cependant obligés de tenter, si la défection ne fût venue les en tirer.

Les mesures qui, à ce qu'on croyait, se préparaient depuis long-temps, s'effectuèrent au moment même où les succès de Buonaparte paraissaient hors de l'atteinte de la mauvaise fortune ! Et le mouvement sur Saint-Dizier, qui méritait l'empire, lui fit perdre la couronne.

Dix mille des alliés avaient été tués ou blessés dans l'attaque de Montmartre (l'auteur veut probablement dire des buttes Saint-Chaumont, etc.), principalement par l'artillerie servie par les élèves de l'école Polytechnique. L'occupation de ce poste n'assurait que la destruction des bâtimens, si l'on avait essayé le bombardement. L'armée était trop faible et trop mal pourvue pour tenter d'occuper de force la ville (2) ; cela aurait dépensé tant d'hom-

---

(1) Metternich joignit l'empereur le lendemain, avec quelques secrétaires qui fuyaient.

(2) Il n'y avait pas moins de cinquante mille hommes de

4

mes et de munitions, qu'on eût pu la garder, puisque Buonaparte s'approchait à son secours avec son armée, et que les forces des assaillants étaient trop peu considérables pour hasarder une bataille en pleine campagne.

Les officiers chargés de la direction de l'armée alliée, en étaient tellement convaincus, que la retraite était déjà décidée, pour le cas où la coopération promise dans la ville n'eût pas eu lieu.

Le départ de Marie-Louise, en conséquence d'ordres péremptoires de Buonaparte, que lui montra Joseph Buonaparte, fut fatal à *sa dynastie.*

On demanda à Talleyrand de dire quel serait le gouvernement et le gouvernant les plus agréables au sénat et au peuple français; il répondit : « Une monarchie contitutionnelle et Louis. »

Alexandre avait abandonné depuis quelque temps l'arrangement projeté en faveur de Bernadotte, qui s'était arrêté à Liége; et qui, de fait, s'était avancé beaucoup trop pour sa réputation en France, et

---

troupes régulières et de gardes nationales organisées en bataillons, sans compter plusieurs milliers de soldats dispersés et d'habitans qui avaient servi, et qui tous auraient aidé à la défense. La garde nationale aurait combattu avec le corps de Marmont, et Montmartre n'eût point été perdu : mais son zèle fut retenu, et Paris devint le tombeau de l'honneur français. *

* M. Wilson eût sans doute désiré que, pour sauver Buonaparte, la garde nationale se fît égorger, et que Paris fût brûlé? Comme l'esprit de parti égare ! (*Note du traducteur.*)

trop peu pour ses intérêts auprès des alliés (1).

Lui, le roi de Prusse et Schwartzenberg s'accordèrent à replacer Louis XVIII sur le trône de France.

La défection de Marmont, et les évènemens qu'elle produisit, terminèrent la guerre ; et Buonanaparte se rendit dans son asyle, abattu, mais non accablé.

Alexandre qui, à Chatillon, avait ambitionné de stipuler l'entrée de quelques bataillons de sa garde dans Paris, afin de pouvoir balancer jusqu'à un certain point, les parades du Kremlin par quelques autres aux Tuileries, et dont l'opiniâtreté sur ce point avait été un des obstacles réels à la conclusion de la paix ; Alexandre se voyait maintenant en possession de la capitale de la France, le créateur de la nouvelle monarchie, et l'arbitre de ses destinées.

---

(1) Cependant l'Angleterre fut fidèle à son engagement : bien plus, elle le fut à l'esprit même dans lequel on pouvait interpréter cet engagement; car elle employa sa flotte, la flotte d'un peuple libre, à bloquer les ports de Norwège, pour forcer, par la famine, à recevoir le joug, une nation qui s'y refusait; et cette nation ne demandait que la neutralité de l'Angleterre, afin de pouvoir négocier ou combattre pour son indépendance. Le gouvernement suédois paraît avoir agi avec beaucoup de générosité et de bon sens envers les Norwégiens, forcés de capituler. Mais cette conduite ne fait rien à la question relative au droit de l'Angleterre de transférer un peuple à une autre puissance, parce que son propre gouvernement refusait de rompre sa neutralité; et elle n'adoucit aucunement les reproches que mérite l'Angleterre pour avoir fait un pareil emploi de ces armées.

Sa vanité était satisfaite ; mais il n'était pas énivré par les succès ; aussi chercha-t-il à acquérir par sa politique et sa bonté les affections de tous les partis, et il se l'acquit. Pour les royalistes il était le protecteur de la dynastie royale ; pour les napoléonistes le conservateur de l'intégrité de la France, et pour les constitutionnels, le champion d'un gouvernement libéral. Mais dans ce moment de triomphe il n'oublia point la Russie, et ajouta largement aux premières importations pour les progrès des arts, des sciences et de l'industrie dans ce pays (1).

Les négociations de Paris déterminèrent les points relatifs à la France, et laissèrent le sort de Naples, de la Saxe et de la Pologne, à régler par un congrès. Les destins de la Belgique et du royaume d'Italie étaient définitivement arrangés, quoique la chose ne fût pas promulguée officiellement.

L'empereur d'Autriche avait toujours déclaré que jamais il ne réoccuperait les états du Milanais, quelque fût l'évènement de la guerre ; mais Alexandre, déterminé à garder le duché de Varsovie, insista pour que l'Autriche prît pour elle les provinces milanaises, comme un agrandissement en compen-

---

(1) Les ennemis d'Alexandre ont cherché à l'envelopper dans les mystérieuses transactions de Maubreuil qui eurent lieu à cette époque. Pozzo di Borgo aurait dû insister pour avoir une copie des dépositions, et pour que les débats fussent publics. La calomnie et la malveillance sont actives ; il faut les mettre au grand jour.

sation. Ainsi le royaume d'Italie, dont l'indépendance avait été si souvent garantie par ces mêmes puissances dans leurs traités avec Buonaparte, et dont la régénération morale avait été proportionnée à son accroissement politique, fut de nouveau réduit à une dépendance provinciale (1)!

On peut dire que le royaume d'Italie était un fief de Buonaparte : c'était un fief à lui et non à la France. Les deux couronnes n'ont jamais dû être placées sur la même tête après sa mort.

Qui ne déplore les malheurs de cette contrée si favorisée de la nature, et si désolée par l'homme? Qui peut voir le naufrage de ses institutions et de ses établissemens nationaux, sans gémir sur son démembrement?

Buonaparte en avait enlevé quelques statues et quelques peintures, dont la plus grande partie étaient enfouies à l'ombre (s'il est possible que quelque chose soit à l'ombre sous ce beau climat) dans les tristes asiles de la superstition; mais c'étaient les ornemens superflus d'un pays auquel il avait donné en retour de sages lois, des sentimens nationaux,

(1) Alexandre était décidé, à cette époque, à se faire roi de Pologne. Il recommanda à l'empereur d'Autriche de conserver la monarchie italienne, et de porter la couronne de fer; mais l'empereur refusa. Il craignait d'entretenir des sentimens d'indépendance. Le débarquement de Buonaparte en 1815, nécessita une mesure que les Italiens avaient fort à cœur.

des vues d'état, un haut caractère militaire, des ouvrages merveilleux et autres, des habitudes industrieuses, enfin des encouragemens magnifiques pour les arts et les sciences.

Quoiqu'on puisse dire de son gouvernement en France, de son usurpation en Europe, et d'un grand nombre d'autres actions de sa vie (1), l'Italie doit se ressouvenir et se ressouviendra toujours de lui avec affection.

S'il eût formé, comme il le pouvait, quoique la France s'y opposât, une grande et indépendante Italie (2), ou bien un système fédéral d'Etats, son ouvrage aurait été immortel, et sa renommée impérissable dans la reconnaissance de l'humanité.

L'armée italienne n'avait en aucune manière contribué aux malheurs de son pays.

(1) Ces actions ne font d'ailleurs rien aux mérites ou aux fautes de son administration politique; elles n'entrent point dans notre sujet, et ne peuvent être citées pour justifier l'injustice chez ceux qui faisaient profession de corriger l'injustice. *Perfidiâ perfidiam ultus, contra romanam dignitatem, Barbaros imitabatur !*

(2) En établissant le siége du gouvernement à Rome, et en plaçant le pape à Venise, ou en réunissant les autorités spirituelle et temporelle, en faisant des prêtres des citoyens, en leur permettant de se marier, avec quelques autres règlemens convenables que Buonaparte eût pu établir aussi facilement qu'il chassa du Vatican le Pape, qui n'avait pour toute force militaire, qu'une garde personnelle. (C'est un protestant qui parle.)

Des avantages successifs l'avaient mise en état de s'avancer au-de là de Willack, sur la Drave, à environ cent cinquante milles de Vienne ; et cette capitale était couverte par une force tellement insignifiante, que, le 27 août, le corps principal ne pouvait mettre en ligne que neuf bataillons, et huit escadrons pour la protection de toute la Basse - Autriche. Les désastres de Buonaparte ayant laissé la Suisse découverte, et la défection de la Bavière ayant ouvert le passage du Tyrol, une retraite sur l'Adige devint nécessaire.

Les combats avaient été nombreux et sanglants, mais jamais les mouvemens n'avaient été faits en désordre par suite d'une défaite.

Sur l'Adige, le prince Eugène refusa les offres des alliés, et répondit : « Plus Buonaparte est malheureux, plus je serai dévoué pour son service. »

Les mouvemens de Murat, qui se sentait dans une position différente de celle du vice-roi, et dont le trône avait été menacé par Buonaparte, obligèrent Eugène de se retirer sur le Mincio, où il occupa la plus forte ligne de frontière qui soit en Europe. Cette ligne suit le cours du Mincio, qui, prenant sa source dans le lac *di Guarda*, se jette dans le Pô, au bout de vingt-huit milles anglais, à Governolo ; mais le pays situé entre Mantoue et ce dernier point, étant impraticable pour une armée, à cause des marais, la ligne est réduite au fait à l'intervalle entre Mantoue et Peschiera, intervalle d'environ seize milles ; et elle a en outre un avantage qui augmente l'effet des manœuvres : la gauche est seulement à dix milles de Véronne, et sa droite à dix-sept.

Les forteresses de Mantoue, et les têtes de ponts fortifiées de Peschiera, Monzambano, Goito et Governolo, donnaient un passage sur cinq points ; tandis que les hauteurs de Volta, presqu'au centre de la ligne, ajoutaient une base pour la défense, et permettaient de faire des mouvemens sans être observé.

Le derrière du flanc droit est couvert par le Pô, sur lequel une tête de pont fortifiée avait été établie, et Plaisance avait été convertie en une forte place d'armes.

L'armée italienne, et le corps français sous Grenier, montaient ensemble à quarante-cinq mille hommes, applicables aux opérations sur le Mincio ; mais les forces réellement disponibles, sans l'aide des garnisons sur cette ligne, n'excédaient pas trente-six mille hommes.

D'un autre côté, l'armée autrichienne, affaiblie par l'obligation où elle se trouvait de masquer Venise, Legnano, et d'autres forteresses sur les derrières, et de poster un corps d'observation contre Mantoue, Peschiera, etc., ainsi que dans les montagnes du lac *di Guarda* (1), était encore affaiblie par trente-cinq

---

(1) L'armée austro-italienne avait aussi à recruter les troupes qui agissaient en Dalmatie.

mille malades, de sorte qu'elle ne pouvait mettre en campagne plus de trente-six mille hommes, à moins que Murat ne coopérât efficacement; et c'est ce que Murat sentait qu'il serait imprudent de faire, avant qu'il eût reçu la lettre autographe, si long-temps promise, de l'empereur d'Autriche, garantissant son traité jusqu'à ce que l'instrument officiel régulier pût être préparé.

Bellegarde, pressé par les représentations répétées des souverains, des ministres et des généraux, de s'avancer pour prendre possession des Alpes, où se trouvait une réserve de huit mille Français dans Turin, Fenestrelles, etc., non compris la garnison de Gênes et un corps à Alexandrie (1), fit ses dispositions pour passer le Mincio à Vallegio.

On avait présumé que l'armée italienne, laissant des garnisons dans Mantoue et dans Peschiera, battrait en retraite; mais, quoique le passage de la rivière ne fût pas sérieusement défendu, on s'aperçut bientôt que la résistance, au village de Mont-Sanbano, était plus déterminée que celle d'une arrière-garde, et l'on eut quelques soupçons sur Mantoue.

Toutes les troupes destinées à passer à Vallegio avaient traversé le fleuve, excepté une brigade; et les grenadiers qui avaient reçu l'ordre d'observer

---

(1) Les troupes qui se retiraient des Etats romains et toscans, s'assemblèrent sur ces points.

Mantoue, étaient au moment d'effectuer aussi leur passage sur un point où un pont avait déjà été construit, quand l'ennemi sortant de Mantoue, attaqua avec furie les troupes autrichiennes postées sur tous les points d'observation, et les chassa pendant plusieurs milles.

Aussitôt que la canonnade fut entendue à Vallegio, les bataillons qui attendaient encore pour passer, furent envoyés au secours de ceux qui étaient attaqués; mais quand ils arrivèrent, les colonnes ennemies s'étaient déjà approchées d'un mille et demi de Vallegio et du pont, dont la sûreté de l'armée entière dépendait. On ne put retirer les troupes de la rive droite qu'après quatre heures du soir; l'ennemi alors commençait à se retirer, et il fut enfin repoussé.

Si Eugène avait habilement caché son projet, s'il en eût retardé l'exécution d'une heure, il aurait été inévitablement en possession de toute la ligne du Mincio; alors l'armée autrichienne se serait trouvée sans autres munitions que celles qui avaient déjà passé la rivière, et sans aucune base ou communication, enfermée dans un pays ennemi, par les rivières, les forteresses et les Alpes, et exposée aux attaques de forces beaucoup supérieures.

A la vérité, si les troupes autrichiennes, et principalement les grenadiers, n'eussent pas montré le zèle et le courage les plus dévoués, l'opération d'Eugène aurait réussi; car jamais troupes ne combattirent avec plus d'ardeur que les Français et les Italiens unis le firent en cette occasion.

La perte de cinq mille hommes qu'éprouvèrent les Autrichiens, et l'accroissement continuel du nombre de leurs malades, les obligèrent à rester sur la défensive (1), jusqu'à ce que Murat et lord William Bentinck (qui venait de débarquer en Toscane), eussent éclairci leurs malentendus, et que la lettre autographe eût enfin été délivrée. Un nouveau plan d'opérations fut alors concerté.

Le général Nugent, à la tête d'un corps détaché, avait, dans l'intervalle, reçu à Parme un échec considérable. Le secours des Napolitains avait obligé l'ennemi à se retirer avec perte sur le Pô.

Lord William Bentinck avait conduit les opérations contre Gênes avec bravoure et habileté ; les habitans avaient d'ailleurs favorisé ses opérations : toute hostilité de leur part dans ce pays aurait été ruineuse. En occupant la ville, il se ressouvint de ce que dit Xénophon : « Il est grand et beau à tout « homme, mais sur-tout aux généraux, d'être juste, « et d'être par conséquent crus sur leur parole, dans « leurs promesses. » Il proclama donc l'indépendance de cette république, qui ne vécut un jour que pour sentir plus cruellement la douleur de la mort.

A la nouvelle de la prise de Paris et de l'abdication

---

(1) Il y eut le lendemain une affaire sur le Mincio, mais elle ne fut d'aucune importance pour la campagne, quoiqu'il y eût beaucoup de monde tué.

de Buonaparte, Bellegarde suspendit son mouvement, et envoya demander la soumission du vice-roi.

Eugène, voyant que toute résistance devenait
inutile, consentit à une convention qui permît aux
Autrichiens de passer les Alpes, mais ne leur permit point d'entrer dans aucune des forteresses, non
plus que dans la capitale du royaume.

Mais une insurrection éclata à Milan, où le
ministre des finances français, fut tué. Alors, sur
l'assurance que le commandant autrichien ne prendrait aucune mesure politique, jusqu'à ce que les
souverains alliés, à Paris, eussent décidé du sort de
l'Italie, Eugène consentit à un article additionnel,
qui remettait tout le pays entre les mains des Autrichiens, comme fondés de pouvoirs des alliés. En agis-
sant ainsi, Eugène s'écarta de sa politique primitive,
et peut-être s'en est-il repenti depuis ; car cet article
facilita certainement le démembrement du royaume.

Pendant un moment, Eugène avait résolu de se
jeter avec les archives, les officiers de l'état et vingt-
cinq mille hommes (seule force disponible après
le rappel des troupes françaises par le gouvernement provisoire) dans la ville fortifiée de Mantoue.
Dans cette position, qui aurait exigé que cinquante-
mille autrichiens s'établissent dans une contrée ma-
récageuse, malsaine, tandis que le pavillon italien,
encore déployé à Venise, etc., aurait ajouté à l'embarras des alliés, Eugène jugeait qu'il pourrait négocier avec succès, ou du moins, donner plus de di-

gnité à sa chûte. Mais il réfléchit que Buonaparte avait abdiqué la couronne d'Italie, aussi bien que celle de France, que les souverains de l'Europe étaient assemblés avec le pouvoir de régler l'Europe, d'après les principes avoués, qui avaient réuni les opinions des peuples de tous les pays, en une cause commune; et il craignit de compromettre les intérêts de la nation dont le gouvernement lui avait été confié, par une mesure qui, montrant du soupçon, était propre à exaspérer les alliés : d'un autre coté, la malveillance l'aurait accusé de motifs d'ambition personnelle (1).

L'intégrité la plus pure, et un sentiment élevé d'honneur, paraissent avoir caractérisé toutes les actions de la vie de ce brave homme; il fut mis dans des situations difficiles; mais jamais il ne chercha à conserver sa popularité aux dépens de son bienfaiteur : sa fidélité s'est montrée incorruptible, et son courage, dans toutes les occasions, a été si exemplaire, que l'envie elle-même ne lui a jamais disputé son droit au titre de chevalier *sans peur et sans reproche.*

Alexandre avait exécuté son projet; il se rendit en Angleterre pour voir ce pays si digne d'attirer toute son attention. On dit que quelques circonstances fâcheuses, quelques expressions inconsidérées

---

(1) Il a été publié, il y a peu de temps, un ouvrage très-curieux sur cette campagne, par le chevalier de St.-J***. Un vol. in-8°. Paris, J. G. Dentu, 1817.

et probablement exagérées, quelques usages de société ne nous concilièrent pas sa bienveillance. La
conduite tenue envers lui à Guildhall, où il fut
obligé de se tenir debout, en hommage au *Rule
Britannia*, chant qui certainement n'était pas
d'un très bon goût, en présence d'un souverain
possesseur de quatre-vingt vaisseaux de ligne, et qui
a une grande ambition maritime; cette conduite,
peut-être, lui aura causé quelque dégoût. Il n'en est
pas moins certain qu'il quitta l'Angleterre rempli
de sentimens de reconnaissance pour l'hospitalité
avec laquelle il avait été reçu, d'admiration pour la
beauté, les talens et les manières des femmes; de
vénération pour quelques-uns des principaux per-
sonnages; de grand respect pour le peuple, et d'é-
tonnement pour les institutions, et ces douceurs
de la vie (*comforts*) si généralement répandues,
qui formaient les grands traits caractéristiques de ce
pays; mais qui, hélas! disparaissent maintenant
d'heure en heure!

De retour sur le continent, Alexandre redoubla
d'efforts pour rééquiper et augmenter son armée.
C'est ainsi qu'il eut l'année suivante, trois cent
mille hommes prêts à marcher, avec deux mille
pièces de canons, leurs caissons, etc, tous neufs et
sortis de ses arsenaux.

Son sénat lui avoit décerné le titre de *Béni*
(blessed), et il lui aurait probablement rendu des
honneurs divins, s'il eût montré quelque disposition

à les recevoir : mais son éducation et ses observations lui avaient enseigné que ces titres n'ajoutent rien
au pouvoir réel ; il n'avait même accepté l'ordre anglais de la Jarretière, que par un juste sentiment de
politesse, et à condition qu'un de ses propres ordres
serait accepté en échange.

Il y avait eu quelque mécontentement de sa longue absence de Russie ; mais il fut apaisé, et il parut au congrès de Vienne, plutôt comme l'autocrate
de l'Europe, que comme un des co-souverains des
états indépendans de ce continent.

Les discussions relatives à la Saxe furent animées
et embrouillées. La Prusse demandait la Saxe entière, et la Russie appuyait volontiers cette prétention, qui lui donnait occasion d'obtenir pour elle-
même de nouveaux agrandissements. L'Angleterre
vota d'abord comme ces deux puissances, mais non
dans la même vue. Elle espérait que l'alliance entre la
Russie et la Prusse n'était que l'alliance des souverains, et par conséquent une alliance dissoluble ; et
elle se proposait de faire de la Prusse *la tête de pont*
ou l'ouvrage avancé de sa politique continentale.

Une discussion dans le parlement Anglais,
où les droits d'un royaume indépendant furent
puissamment soutenus, causa un changement
dans les instructions de l'ambassadeur anglais (1);

(1) Whitbread ! Horner ! Noms inscrits sur la tablette
sacrée, et qu'un autre Sylla même révérerait, en épargnant
les vivans en faveur des morts.

et, malgré les reproches de la Prusse, l'Angleterre
se joignit à la France et à l'Autriche pour conserver
la monarchie saxonne; mais elle ne s'opposa pas à
un démembrement partiel de ce malheureux pays,
qui a toujours été la victime du plus fort. On fit en
conséquence un arrangement, qui mécontenta toutes
les parties; et qui, la plupart des parties l'avouent,
ne peut subsister longtemps.

La Pologne excita les plus sérieuses négociations.
On reproche à l'Angleterre, entre divers projets,
d'avoir proposé une répartition plus égale, afin d'é-
teindre précisément l'espoir d'une réunion en monarchie! Alexandre, pressé par les Polonais eux-mêmes
autant que par ses vues générales, demanda inflexi-
blement la couronne, et promit un gouvernement
constitutionnel!

Naples pressait la ratification de ses traités sous
Joachim. La France et la Sicile résistaient. La Russie
aurait volontiers sacrifié Murat, pour que la France
acquiesçât à ses arrangemens du côté de la Pologne.
La Prusse était favorable à la personne de Murat, à
cause des souvenirs de Tilsitt; mais les circonstances
l'obligeaient à rester neutre. L'Autriche, oubliant ses
engagemens, oubliant les services reçus, flottait, dans
l'espoir d'acquérir enfin Naples pour elle-même, un
des principaux et même des objets essentiels de sa
politique, pour la conservation de ses possessions en
Italie. L'Angleterre, par haine contre toutes les
branches de la famille de Buonaparte, et en oppo-

sition à ses intérêts réels, établissait un tribunal secret pour juger et condamner un souverain, qui
avait mis une entière confiance en sa bonne foi, et
dont les vacillations, qui maintenant formeraient la
matière des accusations portées contre lui, prove-
naient non de lui-même, mais du caractère équivo-
que des procédés à son égard, qui fesaient naître
le soupçon, parce qu'ils le manifestaient.

Toutes ces circonstances, au reste, sont si bien
et si exactement rapportées dans l'histoire de la
chûte de Murat, par le comte Macironi, qu'un
abrégé en affaiblirait l'intérêt ; mais il est impossible,
pour tout esprit qui n'est point dépravé par l'animosité politique, de lire cette narration sans être
convaincu que la manière dont il fut traité par
toutes les parties, ne peut se justifier, et que la catastrophe qui termina ses malheurs fut un acte de
lâche cruauté.

Les tentatives pour violer le traité fait entre
le commodore Campbell et Caroline n'ont point
encore été exposées au monde ; mais si ce brave
et loyal officier n'est plus ici bas pour venger son
honneur et celui de sa patrie, les documens exis-
tent, et un jour ils assureront justice à sa mémoire.

Tandis que le congrès s'occupait à reconstruire
l'Europe, non d'après les droits, les liaisons naturelles, le langage, les habitudes, ou les lois, mais
d'après des tables de finances qui divisaient et sub-

5

divisaient la population en âmes et demi-âmes (1) et même en fractions plus petites, selon les impôts que pourrait lever l'Etat acquéreur, les fêtes de la victoire ne furent pas suspendues. On voyait Alexandre tourner avec rapidité dans le bal, à la mode de son pays; jamais cependant sa tête ne perdit son équilibre; jamais ses plaisirs ne prirent sur ses heures de travail, jamais ses amusemens ne détournèrent son esprit de plus graves emplois.

Mais Buonaparte était destiné à surprendre, en paix comme en guerre, l'homme même le plus éloigné de passer son temps à se divertir!

La nouvelle de son débarquement mit fin à toutes les intrigues, à toutes les disputes.

Alexandre hâta la marche de ses troupes. Elles arrivèrent trop tard pour prendre part aux opérations militaires d'une campagne de quelques jours; mais cent vingt mille hommes qui furent passés en revue subséquemment au camp des Vertus, étonnèrent l'état-major réuni de toutes les autres armées de l'Europe, par une uniformité d'excellence que jamais auparavant on n'avait vu dans un aussi grand corps de troupes. Chaque bataillon semblait un bataillon d'élite, et cependant il n'y avait aucun choix : ils étaient tous *pares et similes*.

Buonaparte, arrivé à Paris, voulait s'avancer sur les Pays-Bas sans délai; mais on lui persuada de rester à Paris et de négocier. Il perdit ainsi l'occasion

_____

(1) Ce sont les propres mots du protocole.

de profiter de la diversion de Murat et de l'insuffisance des forces alliées dans la Belgique.

Du moment de son arrivée, il était entre les mains
de ses ennemis, qui avaient des communications
secrètes autour de lui; on s'opposa à toutes ses
mesures pour électriser l'esprit public et organiser
la défense du pays; et en outre il s'aliéna, par l'*Acte
additionnel*, le parti constitutionnel, dont l'influence
très-étendue prédominait.

Après les actes de Vienne, l'orgueil des souverains alliés ne pouvait le reconnaître.

A la tête d'une armée disponible de cent quarante
mille hommes, composée trop à la hâte, il voulut
se faire reconnaître par la force.

Les arrangemens étaient si bien faits, qu'il obtint
tous les avantages d'une surprise. Vainqueur des
Prussiens, il eût le même jour remporté un succès
qui aurait décidé du sort de la Belgique, si le corps
destiné à soutenir Ney n'eût été retiré pour joindre
la grande armée, sans ordres, par un zèle mal en-
tendu du commandant, auquel la force et la durée
de la canonnade firent croire que Buonaparte avait
besoin de secours.

La bataille de Waterloo, où il ne se trouva que
quatre-vingt mille hommes, dont la perte peut être
attribuée à la non arrivée de Grouchy avec trente-
six mille hommes, aux forces renaissantes des
Prussiens, et à la valeur obstinée de l'armée anglaise, anéantit tous les projets militaires et

toutes les négociations politiques de Buonaparte.

Le souverain retourna dans sa capitale, pour ordonner des mesures qui pussent réparer son désastre. Mais, au lieu de descendre de cheval au sénat, et de communiquer en personne la fatale nouvelle dont il était lui-même le porteur; au lieu de s'adresser aux sentimens des hommes, à l'honneur national et au patriotisme, dans un moment aussi critique pour sa fortune, il rentra dans son palais, se mit dans un bain, et envoya ensuite chercher Davout, auquel il se présenta en disant : « J'ai perdu « une bataille; il me faut trois cent mille hommes « et encore plus d'argent pour préserver la France « d'une invasion. » Davout lui répondit qu'il n'aurait ni l'un ni l'autre, et lui fit part des dispositions de la chambre, que le bruit de son malheur avait rendue encore plus hostile et moins facile à manier. Il reçut cette nouvelle sans aucune expression de violence. Peu après, on lui annonça qu'il fallait abdiquer en faveur de son fils; et on lui montra une correspondance qui le porta à croire que quelques-unes des puissances alliées se contenteraient de cet acte, et respecteraient l'ordre de succession, qui, en cas de mort ou d'abdication, assurait la couronne à sa postérité.

Mécontent de l'opposition qu'avaient rencontrée toutes ses mesures depuis son arrivée à Paris; certain qu'il était trahi par ceux mêmes qu'il était obligé d'employer, et auxquels il avait dit : « Vous croyez

« vous débarrasser de moi et survivre ; mais souve-
« nez-vous-en, si je péris, vous serez les premières
« victimes, et ensuite la France; » désireux enfin
d'assurer le trône à sa dynastie, il acquiesça à la
demande et se retira à la Malmaison, où il passait
son temps avec sa famille et quelques amis.

Il n'était cependant point indifférent à la crise
militaire ou politique, qui d'heure en heure devenait plus imminente. Quand il vit le reste des armées qui avaient combattu à Waterloo s'avancer
sur la capitale, sans attendre ni coopération ni renfort, il envoya offrir au gouvernement provisoire
« de se mettre à la tête des forces considérables ras-
« semblées pour la défense de Paris ; et, en profitant
« du faux mouvement de l'ennemi, d'obtenir une
« victoire (dont il se croyait assuré) et du temps
« pour les négociations avec les souverains alliés. »
Il ajoutait « qu'il n'agirait que comme général, et
« s'engageait à quitter le commandement aux ordres
« du gouvernement provisoire. » Mais la crainte de
le voir reprendre l'autorité impériale, si le succès
lui rendait l'attachement du public et des troupes
(dont le dévoûment s'était peu ralenti), disposèrent
mal plusieurs personnes pour sa proposition, tandis
que les engagemens déjà pris par d'autres avec les
alliés, causèrent le rejet total et immédiat de ses
services. Il persiste encore aujourd'hui à dire que
« ce rejet entraîna tous les malheurs subséquens de
« la France, tandis que le mouvement sur Paris,

« dont l'imprudence aurait dû ruiner les alliés, con-
« somma leur triomphe et les mit une seconde fois
« en possession de la capitale (1). »

Les théologiens grecs ouvrirent les portes de
Bysance aux sectateurs du Koran, en s'amusant à
discuter des points de controverse chrétienne, au
lieu d'armer et d'organiser la population contre l'envahisseur. Les constitutionnels ne furent pas moins
qu'eux les complices de la conquête de leur pays. Ils
avaient l'ascendant dans la chambre et étaient bien
appuyés par la nation. Leurs intentions furent honnêtes; mais leur conduite fut une folie impardon-
nable à tout gardien de la sûreté publique. Le destin
les aveuglait pour accomplir son cours.

Les armées alliées s'approchaient, et déjà on avait
exprimé plusieurs fois à Buonaparte le désir de le
voir partir; il se détermina enfin à se mettre en
route. Mais ce ne fut que quand les Prussiens étaient
déjà si près, qu'on jugea nécessaire de brûler le pont
de la Malmaison (2).

Buonaparte, accompagné du comte Bertrand,
partit le 29 juin, à trois heures après-midi. Il parut

---

(1) Buonaparte n'ignorait peut-être pas que le mouvement
des alliés était réglé par des arrangemens politiques faits
dans Paris.

(2) On peut voir des détails plus complets et très-exacts
sur l'abdication de Buonaparte, dans les lettres de Paris de
Hobhouse.

quitter la Malmaison avec beaucoup de regret. L'i-
mage de Joséphine ne s'était jamais affaiblie dans
son souvenir.

Sa suite prit différentes routes pour le rejoindre;
le rendez-vous était à Niort. Le secret fut si bien
observé, que les maîtres de poste, et même les pos-
tillons qui avaient mené Buonaparte, refusaient
de dire la route qu'il avait prise; et qu'un de ses
officiers ne put le joindre que deux jours après son
arrivée à Rochefort. Cependant, comme les armes
impériales, sur les voitures, n'avaient été recouvertes
que d'une légère couche de couleur, le soleil et l'hu-
midité les reproduisirent bientôt. Il fut ainsi reconnu
sur toute la route, et toutes les gardes nationales et
les autorités constituées vinrent lui rendre hommage.

A Poitiers, le fils de madame Bertrand fut pris
pour le fils de l'ex-empereur, car il porte le nom de
Napoléon. Une foule de gens s'assemblèrent, et leurs
clameurs furent telles, que madame Bertrand, qui
voyageait sous le nom de Dillon, eut peine à sous-
traire son fils avant le point du jour.

Des hussards et des chasseurs à cheval accompagnaient les voitures depuis Niort; et l'on prit de
nouvelles précautions, parce que la route avoisine
la Vendée. Mais ces précautions étaient inutiles.

Arrivé à Rochefort , Buonaparte délibéra s'il
permettrait à ses frégates de forcer le passage à travers l'escadre anglaise (les capitaines avaient vaillamment proposé de le tenter); s'il s'embarquerait

clandestinement pour l'Amérique ; un vaisseau était
prêt à le recevoir (et de fait ce vaisseau passa sans
être observé) ; ou, enfin, s'il se mettrait au pouvoir
d'une nation dont il espérait trouver la générosité
égale à la grandeur. Il ne s'attendait point, il ne
cherchait point, comme le monarque indien, à être
traité *en roi;* mais il ne croyait point trouver une
prison dans un pays qu'il avait appris à regarder
comme le sanctuaire de la liberté.

Les négociations commencèrent, et finirent comme
tout le monde le sait. Jusqu'au dernier moment qu'il
resta sur le rivage, il éprouva les consolations que
la nation française offre toujours au malheureux,
quel qu'il soit.

Buonaparte trouva heureusement, dans le capitaine Maitland, un officier qui savait allier son
devoir aux bons sentimens et aux égards (1) ; un
officier dont le sentiment profond d'honneur et de
générosité eut, peu après, occasion de s'exercer,
dans une correspondance qui, par la suite, l'honorera
lui-même, ainsi que sa patrie, sans jeter, on l'espère
(et des circonstances subséquentes autorisent cette
présomption), aucune imputation fâcheuse sur son
gouvernement.

Buonaparte est maintenant sur un rocher, au
milieu de l'Océan ; d'après des rapports non influencés

_____

(1) Buonaparte fit le même éloge de l'amiral Hotham, en
arrivant à Portsmouth.

par les préjugés, il contemple l'adversité avec l'égalité d'ame d'un philosophe, et il oppose à ses
mortifications une force d'esprit, que les ennemis,
même les plus acharnés, ne peuvent qu'admirer.
Mais les circonstances de son abdication, la politique qu'il a suivie pendant si long-temps, la nature de l'opinion qu'il a laissée de lui, ne peuvent
sortir de sa mémoire. Il ne doit donc point jouir
de cette tranquillité qui accompagna Charles-Quint
dans le cloître, ni sentir cet attachement à la retraite, qui fit répondre à Dioclétien, lorsque Maximilien le sollicita de reprendre la pourpre : « Si je
pouvais lui montrer les choux que ma main a plantés à Salone, il ne me presserait plus de quitter le
bonheur pour chercher la puissance !» Buonaparte
ne paraît cependant pas insensible aux douceurs de
la vie privée, s'il pouvait jouir aussi de l'indépendance et de la sécurité qu'elle procure ordinairement (1).

Les souverains alliés avaient certainement le respect et la confiance de la nation française. Ce fut
cette confiance qui paralysa les efforts nationaux, et
laissa la France à la merci de ses envahisseurs, car
l'esprit public n'était pas abattu dans Paris, et les
moyens de défenses suffisaient contre la partie de
l'armée alliée qui s'approchait en ce moment. Mais on

(1) M. Wilson est bien mal informé. Il ne connaît guère
l'homme!

réprima l'ardeur générale, et on retira les armes aux fédérés, dont l'impatience croissante pour les obtenir, rendait périlleuse la situation de la population dans les intérêts des Bourbons.

Des courriers furent dépêchés pour presser l'arrivée des généraux alliés, et prévenir ainsi une insurrection de la populace.

Davout ne consentit qu'avec peine à la convention en vertu de laquelle l'armée française évacua la ville.

On attendait d'heure en heure l'arrivée d'Alexandre. Mais ce n'était plus pour les Français l'Alexandre de 1814. Ils reconnaissaient qu'il s'était opposé au démembrement de la France ; qu'il n'avait pas directement sanctionné le pillage du Louvre, et la restitution des chevaux appartenant à la république de Venise qui n'existait plus ! Qu'il avait fait des représentations contre les excès des Prussiens, et employé ses bons offices pour le peuple Français ; mais quoique sa politique recherchât la faveur du peuple, il ne paraissait plus appuyer ni chérir ces principes libéraux, ce zèle pour les droits populaires ou constitutions dont il avait été peu auparavant l'avocat et le champion ! Enfin, la convention de Paris était encore un sujet de reproche contre lui.

On a employé de part et d'autre tant d'argumens solides ou spécieux dans les discussions relatives à cette convention, et ce sujet a été tellement rebattu, que, malgré l'importance, et à cause de l'importance même dont il est, ce qui l'a fait approfondir, on ne peut plus le remettre en dispute.

Après le rétablissement de Louis, Alexandre suivit le même système politique que l'année précédente. De plus, Richelieu, qui avait été pendant plusieurs années gouverneur russe à Odessa, dont on peut l'appeler le créateur, et où son nom est toujours vénéré, fut nommé premier ministre; et ainsi la Russie, non-seulement balança l'influence de l'Angleterre, mais obtint même un ascendant sur elle dans le cabinet français.

Suivant, comme nous venons de le dire, le même système qu'en 1814, Alexandre profita de la conduite ausssi peu modérée que peu judicieuse de ses alliés, pour chercher à se mettre dans les bonnes grâces du peuple français. Ses armées maintinrent une stricte discipline; ses proclamations, par lesquelles il abandonnait les contributions, et distribuait des largesses aux habitans qui avaient souffert du passage des troupes alliées, furent répandues avec adresse; son opposition avouée aux projets de l'Autriche, de la Prusse et de la Hollande, pour le démembrement de la France, lui fit beaucoup de partisans. Mais la nation française, qui avait été le jouet et la victime de tant de caprices de la fortune, de tant d'espèces de despotismes, demandait un gouvernement constitutionnel, un gouvernement restaurateur et conservateur de l'action des lois d'accord avec la sûreté publique. Ce fut envain qu'Alexandre multiplia ses largesses, et manifesta beaucoup de compassion pour les souffrances des Français ; ils ne furent point la dupe des mots.

Le détail des intrigues, des jalousies diplomatiques, et des froissemens d'intérêt qui caractérisèrent le sous-complot de la confédération, serait intéressant, mais pénible : il faut le laisser à d'autres temps

Alexandre avait accompli tous ses projets, et maintenu une suprématie que les puissances rivales n'osèrent lui disputer. Il quitta la France, pour passer en revue ses armées, visiter la Prusse, recevoir l'hommage de la Pologne, et retourner dans sa capitale, où il fallait apaiser le mécontentement croissant que causait son absence, et réparer les maux qu'elle avait faits, tant à ses intérêts particuliers qu'aux diverses branches du service public.

Les nobles croyaient qu'il devenait étranger, et ils voulaient un monarque russe. Ce n'était au reste qu'une mauvaise humeur passagère. La gloire acquise au nom russe, et l'immense augmentation de puissance ajoutée au sceptre de toutes les Russies, lui assuraient l'approbation et la fidélité d'une classe enthousiasmée de l'autocratie, enflée de gloire, et dont l'ambition désirait des agrandissemens nationaux.

D'ailleurs, pour suivre ses projets, ou pour

maintenir son ascendant, il ne se reposa point sur
la force seule. Il savait que les alliances de famille,
contraires à la politique nationale, n'avaient point
une influence durable ; mais il savait aussi que
quand elles s'accordaient avec cette politique, elles
formaient des sûretés, des garanties additionnelles.

Le mariage qui eût uni l'Angleterre et la Hollande, fut toujours regardé par les hommes d'état
du continent, comme propre à entraîner l'Europe
dans des guerres contre les intérêts naturels de
ses divers peuples. Depuis le commencement des
négociations, une violente jalousie se manifesta.

L'alliance présumée ne fut pas plutôt rompue,
que la Russie dirigea son attention sur les avantages
qu'elle pourrait tirer de l'établissement d'un intérêt
russe sur le trône de Hollande.

Ses flottes enfermées la moitié de l'année dans la
Baltique par les glaces, étaient (sur-tout depuis la
destruction des flottes suédoises et danoises) de
coûteuses superfluités, plutôt qu'un établissement
utile ajoutant à son importance, ou appuyant ses
intérêts. Les eaux du Texel et du Scheldt donne-
raient des moyens de navigation, remplissant tous
les objets immédiats, et servant même à des des-
seins plus éloignés.

La Hollande, puissance maritime, ne pouvait
avoir rien à craindre d'un auxiliaire maritime, des
flottes duquel elle était la gardienne ; et l'alliance
avec la Russie lui assurait cet appui militaire dont

elle avait besoin pour la conservation de ses possessions continentales.

Pour la Russie , la Hollande était une tête de
pont , un ouvrage avancé , qui terrifiait la France ,
et qui aidait à exercer un contrôle sur la Prusse.
Pour la Hollande , la Russie était un allié protecteur contre les deux puissances , un allié armé de
la lance et du bouclier pour la défendre contre
l'Angleterre.

Tels étaient les avantages réciproques , si peu
équivoques et si considérables que les deux parties
trouvaient dans cette alliance. La grande duchesse
Anne, qui, à ce qu'on croit, eût pu monter sur le
trône de France , ayant accepté la demande du
prince d'Orange, est destinée à succéder à un autre
trône que ses qualités embelliront également.

La position du Wurtemberg n'était pas aussi importante ; cependant il était désirable d'étendre l'influence de la Russie en Allemagne , où déjà Weimar , Baden et Oldenbourg obéissaient à l'impulsion russe.

Un jeune et vaillant prince , dont on regardait
alors les services militaires comme le moindre de
ses droits à l'estime publique, fut marié à une princesse de Bavière. Une séparation eut lieu immédiatement après la cérémonie, car le mariage était forcé.
Un divorce fut obtenu (1) ; et la grande-duchesse Ca-

_____

(1) Les vertus de la princesse de Bavière, l'ont depuis
placée sur le trône d'Autriche.

therine, dont le nom, l'activité, les talens et l'attachement pour son pays natal, l'ont rendu l'objet
de l'affection générale dans ce pays, fut choisie
pour succéder à un monarque, dont Buonaparte
disait : « Si cet homme avait seulement cinquante
« mille soldats, il me donnerait plus de fil à re-
« tordre que qui que ce soit dont j'ai eu à me dé-
« barrasser. »

Des sentimens personnels, autant que la politique,
suggérèrent l'alliance avec une princesse de Prusse,
qui vient d'être solennisée à Saint-Pétersbourg ; alliance pleine de souvenirs bien propres à assurer,
si quelqu'arrangement humain peut le faire, l'a-
mitié entre deux couronnes.

Tel est la narration sommaire des points et des
faits principaux qui ont caractérisé la politique de
la Russie et contribué à son agrandissement. Plus
on examinera et plus on développera cette narration, plus elle deviendra intéressante. Maintenant
il faut aborder la question qui a été proposée, savoir : Jusqu'à quel point une ligue de la France, de
l'Angleterre et de l'Autriche peut exercer un contrôle sur la conduite politique que la Russie peut
être disposée à suivre ?

Mais, afin de fixer dans la mémoire des dates
aussi variées, il est bon de les rassembler dans un
ordre chronologique.

Dans les années qui s'écoulèrent depuis 1701 jusqu'à 1711, le czar Pierre fit, avec divers succès, la

guerre à la Suède, à la Turquie et à la Pologne, pour reculer les frontières de ses états d'Europe.

En 1713, ayant conquis Riga et la Livonie, il fonda la ville de Pétersbourg, en y transportant trente mille habitans d'Archangel, et invitant les étrangers, particulièrement les Anglais, à venir s'y établir.

Pendant l'année 1714, il développa ses projets maritimes, dont ses successeurs ont suspendu l'exécution, mais qu'ils n'ont jamais abandonnés.

En 1721, il se déclara empereur de toutes les Russies, et à sa mort, en 1729, l'on joignit à son nom le titre de *Grand*, que l'on a conservé à sa mémoire.

Depuis 1729 jusqu'à 1762, gouvernée successivement par six souverains, dont plusieurs terminèrent d'une manière tragique un règne de peu de durée, la Russie avait beaucoup accru sa force, sa consistance et son commerce intérieur. Sous le règne d'Elisabeth, elle s'était liguée avec l'Angleterre et avait acquis un caractère militaire; cependant elle n'avait point encore pris place parmi les grandes puissances de l'Europe.

Lorsque Catherine II monta sur le trône, le nombre des sujets qui lui rendirent hommage n'était que de vingt-deux millions.

Pendant un règne de trente-trois ans, d'après les meilleures autorités contemporaines, ce nombre s'éleva jusqu'à trente-six millions, soit par des acquisitions, soit par l'accroissement naturel de la population (1).

On peut en faire le calcul ainsi qu'il suit :

Sept millions pour la Pologne (y compris la Courlande), acquise en plusieurs partages, qui commencèrent avec la confédération de Bar et finirent lors de la prise de Prague en 1795.

Deux millions et demi d'habitans de la Nouvelle-Servie, au nord de la Crimée, entre le Borysthènes et le Don; descendant pour la plupart de soixante mille familles serviennes, qui, sous le règne de Marie-Thérèse, émigrèrent de la Hongrie, du Bannat et de la Croatie, à cause de l'intolérance (2) religieuse, et auxquelles Catherine, profitant de l'occasion, offrit un asile et des secours d'argent.

Son hospitalité fut récompensée : des terres négligées furent cultivées; et elles sont enfin devenues les plus florissantes parties de la Russie européenne, sous les noms de gouvernement de Catherinoslaw et Wosnesenski. Cette colonie a conservé avec la

_____

(1) On admet généralement que la population augmente annuellement de trois cent mille ames dans tout l'empire; mais voyez la *Memorandum* géographique joint à la carte.

(2) A la tête de cette liste se trouvent Miloradowitch, l'élève de Suwarow, et le rival de Bagration en célébrité. Parmi les autres familles distinguées sont les Scherich, les Teckely, les Horwatz, les Zorich, les Dubasarski, les Sterich, les Narancich, les Jvelick, les Mirascewich.

6

métropole une union nuisible à la Turquie, et qui devient de jour en jour plus alarmante pour l'Autriche.

Un demi million d'allemands et autres étrangers, dont il n'y a pas moins de quarante mille dans la ville de Saint-Pétersbourg.

Deux millions dans le gouvernement du Caucase, la Sibérie (1), la petite Tatarie, la Tatarie des Nogais, la Crimée, etc., etc., sans y comprendre différens peuples nomades, qui fournissent maintenant aux armées russes une cavalerie irrégulière, et contribuent ainsi, d'une manière importante, à leur efficacité.

Catherine soumit à la conscription militaire ces douze millions de sujets; et l'Europe a vu deux fois les soldats de toutes ses provinces entrer dans la capitale de la France.

Pendant ce règne fameux par les expéditions navales et militaires, l'agrandissement territorial et les conséquences politiques résultantes, firent de tous côtés des progrès également rapides.

L'assaut d'Ismaïl avait acquis aux soldats de Catherine une réputation d'activité courageuse, aussi bien méritée que celle de bravoure patiente qu'ils avaient obtenue à Cunnensdorff. En même temps, la victoire navale de Tchecmé lui permit d'élever

---

(1) La Sibérie fut d'abord envahie par Yvan II; Pierre-le-Grand en étendit la conquête; mais ce fut Catherine II qui en termina l'acquisition.

une colonne triomphale à la vue de Constantinople.

Sa volonté a été l'arrêt du destin pour les nations
environnantes. Combattant sous les bannières de la
liberté, elles opposèrent une résistance inutile. Jusqu'au jour de sa mort, les rois et les philosophes
se réunirent pour satisfaire son ambition et son
orgueil.

Paul augmenta les forces militaires; les batailles
de Novi et de la Trébia ajoutèrent aux lauriers de
la Russie (1). Elle ne put, il est vrai, en cueillir de
nouveaux en Hollande, mais ils ne se flétrirent point
en Suisse, quelque grands que furent ses revers sur
ce point.

Alexandre commença, en 1800, à régner sur un
peuple de trente-six millions d'âmes; mais ses
armées n'étaient pas assez nombreuses pour l'étendue
de ses possessions, et sur-tout à cause de l'augmentation des forces militaires de plusieurs grands états
de l'Europe.

Son système militaire manquait de cette organi-
sation qui était encore très-imparfaite dans toutes
les branches de son gouvernement.

Les acquisitions de ses prédécesseurs avaient été
énormes; mais ils n'avaient point completté la ligne

_____

(1) Paul, ainsi qu'on le dit, eut ses défauts, mais il avait
aussi des vertus; il possédait sur-tout la générosité, et il en
donna une grande preuve, en rendant le vaillant Kosciusko
à la liberté.

de frontières qu'exigeaient ces acquisitions pour qu'on pût les conserver.

Les canons de la Suède pouvaient se faire entendre dans Pétersbourg; les Polonais de Varsovie étaient des voisins fort suspects ; les Polonais de la Russie des amis très-douteux; les Turcs, en Asie, se montraient encore disposés à combattre pour recouvrer la Crimée, dont ils n'étaient qu'à une portée de fusil; en Europe, ils occupaient toujours la Bessarabie, et tenaient les Russes en échec sur le Dniester ; la Géorgie, où l'on n'avait placé des garnisons que sur certains points, était toujours dans les troubles; les montagnes du Caucase étaient remplis de tribus ennemies; et la Perse, par la possession de la province de Shirvan, présentait une frontière saillante et offensive, d'où elle entretenait une guerre, qui, chaque année, coûtait de fortes sommes à la Russie, et lui enlevait une très-grande quantité d'hommes. Le Danemark et la Suède avaient des forces navales considérables. L'île d'Aland mettait les côtes de la Suède à l'abri de l'insulte ou d'une invasion soudaine, lorsque le golphe de Bothnie venait à se couvrir de glaces ; et Sweaborg commandait la navigation de l'embouchure du golphe de Finlande.

Les finances étaient dérangées, et l'administration du gouvernement, dans les différentes provinces, coûtait beaucoup, sans rien rapporter.

Jusqu'à quel point Alexandre a-t-il accompli ses

entreprises, sans oublier les intérêts qu'il était obligé de protéger ? c'est ce qu'il est difficile d'établir, puisqu'il n'y a point de moyen direct de s'assurer de l'opinion de ses sujets par les discussions d'une presse libre ; mais autant que la tranquillité qui règne dans chaque province de son empire ; autant que les améliorations visibles dans l'économie militaire, et l'ordre général dans toutes les branches de l'administration, peuvent autoriser les conjectures, il doit s'être opéré une grande amélioration en Russie.

Les corps de recrues, dont ordinairement il périssait les trois cinquièmes dans le voyage, arrivent maintenant à leur destination, sans autre perte que celle de toutes les autres troupes européennes. L'esprit des peuples est si loin d'avoir été abattu par les demandes pour le service militaire et l'augmentation de taxes, qu'au contraire, le patriotisme a acquis toute l'ardeur du dévoûment ; et l'Etat n'a point trouvé nécessaire de charger les habitans de nouveaux impôts.

L'emplacement occupé maintenant par la ville d'Odessa, ne contenait, en 1794, ni une maison, ni même un habitant ; aujourd'hui on y voit mille maisons bâties en pierre, et plus de quarante mille habitans ; huit cents vaisseaux partent chaque année du port de cette ville, et l'on en exporte une si grande quantité de grains, que cette partie du monde, comme au temps des Grecs et des Romains, promet d'être le principal grenier de la Méditerranée.

T'cherkaz, près l'embouchure du Don, dans la mer d'Azof, n'est pas moins florissante.

Astrakan, à l'embouchure du Volga, a obtenu de pareils avantages, par le dernier traité avec la Perse. (Ce traité donne au pavillon russe la navigation exclusive de la mer Caspienne).

La navigation intérieure, depuis la mer Blanche et la mer Baltique, jusqu'à la mer Caspienne et à la mer Noire, a été facilitée par plusieurs grands ouvrages; d'autres avancent en ce moment avec rapidité.

On a fait à la ville de Saint-Pétersbourg des embellissemens, dont la dépense s'est élevée à cinq millions de roubles par an; les trois quarts des maisons sont maintenant des palais construits en pierre, et la ville elle-même est devenue la plus magnifique du monde par ses bâtimens, ses quais, ses canaux, et les eaux limpides de la majestueuse Neva.

Cette impulsion ne s'est point bornée aux seules provinces européennes; la Sibérie, cette province à laquelle la rigueur supposée d'un climat insupportable, et les idées de misère et de souffrances injustes que retraçait son nom, avaient attaché les plus terribles images; la Sibérie est devenue une province fertile et productrice, habitée par des habitans volontaires, au nombre desquels on compte beaucoup d'étrangers. Non seulement la ville de Tobolsk, enrichie de tous les objets du luxe européen et du luxe asiatique, devient une capitale très-considérable qui propage autour d'elle la civilisation ; mais encore Irkoutsk, éloignée de Moscou de trois mille sept cent soixante et quatorze milles, et à moins de quatre cents de la frontière chinoise, est devenue le siége d'un gouvernement florissant et considérable.

Les communications sont ouvertes sur tous les points, même au Kamtschatka et au fort de Saint-Pierre et Saint-Paul, à la distance de huit mille sept cent - trente milles de Moscou (1) (par Okotsk dans la mer Pacifique).

On reçoit régulièrement des rapports de tous les gouvernemens : ils arrivent généralement aux jours prescrits, et la plupart à la même heure.

Il n'y a pas de pays au monde, où les voyages soient moins chers et où les voyageurs soient plus en sûreté contre les voleurs. Pendant les six dernières années, de grandes auberges ont été construites par l'ordre de l'empereur, aux principales stations des postes européens.

Il a été établi des manufactures de toute espèce, et particulièrement pour les ouvrages en fer. L'on y travaille ce métal avec une délicatesse qui le dispute aux ouvrages de quelque pays que ce soit.

Les voitures qui auparavant étaient apportées

---

(1) Il ne faut pas oublier que l'usage des traîneaux facilite beaucoup les communications. On transporte par les traîneaux en un hiver, des marchandises dont le transport par eau emploierait deux étés. Le voyage d'Okostk se fait en moins de trois mois.

d'Angleterre, se font maintenant dans le pays, sous la direction originale de constructeurs allemands et anglais; les matériaux en sont si bons et à si bas prix, que la prohibition de l'importation ne peut point exciter de regret.

Les manufactures de draps reçoivent de grands encouragemens du gouvernement; et les derniers évènemens arrivés sur le continent ont augmenté largement le nombre des ouvriers pour ces manufactures et les mécaniques.

Les ports de Cronstadt, de Riga et de Revel ont été non seulement rouverts au commerce de toute l'Europe, mais encore les Etats-Unis sont devenus, pour l'Angleterre, un compétiteur assez important pour rendre la Russie indépendante des marchés anglais. Aussi les préférences promises aux marchands anglais, par Pierre-le-Grand, quand il s'adressa à Guillaume III, en Hollande, en 1697, et les priviléges accordés depuis ont-ils été annulés, ou plutôt n'ont point été renouvelés, sous prétexte d'un principe de justice générale.

En même temps les principes inculqués par Laharpe n'ont point été négligés en Russie. On y a non-seulement dépouillé la servitude de ses traits les plus odieux; mais les réglemens et l'exemple de l'empereur en ont beaucoup avancé l'entière abolition.

Les nobles d'Esthonie ont déclaré dernièrement, qu'au bout de quelques années, nécessaires à des

arrangemens intermédiaires, avantageux au paysan
comme au propriétaire, la servitude n'existerait plus
dans leur province ; et il y a tout sujet de croire que
cette politique ne tardera pas long-temps à devenir
générale.

Une disposition, manifestée par l'empereur, à in-
troduire des mesures préliminaires pour l'établissement d'un gouvernement constitutionnel, a été re-
jettée par le sénat, qui s'est déclaré pour le maintien de l'autocratie ; mais, si à cette époque le sénat
avait eu des vues aussi libérales que son souverain,
on aurait formé le plan d'un gouvernement constitutionnel, dont l'établissement se serait opéré avec
les progrès de l'éducation.

Si telles sont les marques caractéristiques des
améliorations intérieures de la Russie, celles qui
annoncent sa grandeur extérieure, dans ses relations
avec les autres nations, ne sont pas plus équivoques.

On a déjà dit que lorsqu'Alexandre monta sur le
trône, trente-six millions d'ames reconnurent son
autorité. Aujourd'hui, d'après l'accroissement naturel et les acquisitions, il faut compter en Russie
quarante-deux millions d'habitans, au minimum ;
quarante-deux millions de hordes asiatiques nomades, errantes dans les déserts. Les territoires qu'ils
occupent ont pour la Russie une valeur politique
et militaire qui ne consiste point purement dans
une augmentation des revenus et du nombre des

hommes ; mais qui tient aussi, comme il paraîtra dans la suite de cet ouvrage, à ce qu'ils contribuent à reserrer la ligne de défense, et en même temps, fournissent les moyens de s'avancer sur des positions qui, occupées à propos, doivent assurer à la Russie l'empire de l'Europe et de l'Asie.

Tant de millions d'hommes, différens de religion, de langage, de climats, soumis à une seule couronne, ont pu amener quelques politiques, raisonnant par analogie, sans soutenir leurs raisonnemens par l'observation-pratique, à conclure que cet empire se diviserait ; à supposer que son étendue amenerait sa destruction ; qu'il est « semblable au cercle qu'une « pierre forme sur l'eau, et qui ne cesse de s'agrandir, « jusqu'à ce qu'enfin il se perde entièrement, par « son agrandissement même (1). »

On pourrait appliquer à la Russie de pareilles spéculations, si l'on voyait ses frontières s'étendre progressivement, et ses lignes de communications se découvrir ou se rompre ; si des restrictions coloniales étaient imposées aux provinces incorporées ; si l'intolérance religieuse, même la plus légère, y régnait ; s'il y avait des proscriptions politiques excitées par les préventions et la jalousie contre les étrangers. Mais, après avoir conquis, la Russie se contente

---

(1) . . . . . Like a circle in the water,
Which never ceaseth to enlarge itself,
Till, by broad spreading, it disperse to nought.

de jouir avec modération de ses conquêtes; dans tous les pays, elle respecte la croyance et les coutumes, et maintient les lois qu'elle trouve établies, si elles ne sont point contraires à celles de l'humanité. Sa devise est *me rebus*, plutôt que *mihi res;* elle ne cherche pas de prosélytes, elle ne désire que des sujets; elle leur ouvre la carrière de tous les emplois civils et militaires de l'État, selon leurs talens et leurs services (1); elle leur garantit, sans aucune distinction, non seulement *jus civitatis*, non seulement *jus commercii, jus connubii, jus hœreditatis,* mais encore *jus suffragii* et *jus honorum*. En Asie, elle est asiatique; en Europe, européenne; en Amérique (selon Vancouver et tous les voyageurs après lui), elle est américaine. Si elle a la prééminence, cette prééminence n'a rien d'odieux ni d'insultant; elle est aussi flexible que l'osier; enfin, elle amalgame toutes les coutumes et tous les usages, quelqu'hétérogènes qu'ils soient.

C'est ce système de législation qui lui a conservé la fidélité des Finlandais, des Lithuaniens, des Courlandais, des Podoliens, des Wolhyniens, des Sarmates et des Tatares en général, et qui a ins-

---

(1) Alexandre a donné un nouvel exemple du jugement qu'il apporte dans le choix des officiers, en donnant à Worouzow le commandement de son armée en France : ce choix, ainsi que tous les précédens, n'est point la récompense de la flatterie, mais bien des services et du mérite qui ont si justement gagnés à cet officier la confiance de son souverain.

piré aux Cosaques du Don et du Wolga un zèle qui tient de l'enthousiasme pour le service de cette puissance, contre laquelle ils avaient si long-temps combattu.

Il n'y a point de doute qu'en déclarant l'indépendance de la Pologne, on eût pu produire une insurrection dans les provinces polonaises; mais la tentation de toutes les circonstances qui se réunirent à l'époque de l'invasion, aurait seule été capable d'opérer le démembrement volontaire de l'empire. Cette combinaison de circonstances ne peut plus se représenter; il n'y a plus de Buonaparte; la France n'est plus jointe à la Vistule par un système de confédération, et ne remue plus l'Europe entière pour opérer le rétablissement du royaume de Pologne. A cette époque, une monarchie polonaise n'existait pas sous la couronne russe; la Russie n'avait point six cent mille hommes sous les armes, sans compter l'armée polonaise; l'Autriche n'avait pas abandonné Varsovie, pour détourner la chance d'être sommée par la France de restituer la Gallicie; et, ce qui est plus, il n'y avait pas eu un congrès à Vienne.

La vanité de la Pologne est maintenant satisfaite, quoiqu'elle n'ait point obtenu ce qu'elle avait en vue; son existence nationale est réorganisée; elle a ses lois, son langage, son armée, et son territoire libre du fardeau des troupes étrangères; elle a obtenu une grande diminution d'impôts, et ses revenus sont employés à améliorer son territoire et à réparer les maux qu'elle a soufferts.

Le gouvernement prussien a dépensé de grandes sommes à bâtir des villes et propager l'industrie; mais il a voulu extirper les souvenirs polonais par des lois prussiennes, en répandant l'usage de la langue allemande, et en détruisant tous les établissemens militaires nationaux; et il a fait naître des antipathies invincibles.

L'Autriche, plus de cent ans en arrière de tout, introduisit en Gallicie toutes les exactions, toutes les restrictions odieuses qui caractérisent son système d'économie politique; elles mettent non seulement obstacle à la prospérité générale, mais elles mettent de plus dans un grand péril la stabilité de ses conquêtes.

La Pologne sait que la Prusse et l'Autriche s'opposaient à sa réorganisation en monarchie; elle ne pourrait donc se fier à aucune promesse, si dans l'avenir ces puissances voulaient encourager les efforts qu'elle ferait pour recouvrer son entière indépendance; et elle ne pourrait avoir une plus grande confiance dans leurs moyens militaires pour accomplir ce projet, si elles le proposaient avec sincérité.

La Pologne sait aussi que, dans le cas où elle se souleverait contre la Russie, une frontière étendue et découverte la rendrait nécessairement le théâtre de la guerre.

En formant au contraire le poste avancé de la

Russie, elle doit jouir de sa tranquillité, ou bien, si les habitans marchent, elle est sûre, par la grandeur des forces qui doivent la soutenir, et par les avantages qu'offre sa position pour une guerre offensive, de porter les ravages de ce fléau dans un pays étranger.

Maintenant, que le lecteur considère la position qu'occupe la Russie, ses immenses acquisitions, la ligne imposante qui couvre ses frontières, et son influence dominatrice sur tout le reste du monde.

On n'a pu démontrer ici pleinement l'importance de ces acquisitions : la carte et l'intelligence de l'observateur doivent suppléer à beaucoup d'omissions inévitables. L'objet est de faire voir, non point ce qui peut être, mais ce qui est réellement, et pour cela, de montrer les profils, les pointes, les avantages de la position supérieure sur laquelle à présent *s'appuie* fièrement la Russie ; car, qui peut parler du *repos* de l'ambition ?

En 1800, la Russie appuyait son flanc droit sur la mer du Nord. Sa ligne frontière traversant la Laponie russe, n'était éloignée que de cinquante milles de la mer Blanche ; couvrant la province d'Olonetz, elle passait à vingt milles environ du lac Ladoga, et allait tomber dans le golfe de Finlande, à la distance de cent quinze milles seulement, en ligne droite de St.-Pétersbourg ; en sorte que la Suède commandait, non-seulement près des deux

tiers de la côte nord du golfe de Finlande, mais se
trouvait même en vue du port de Revel, à une distance de trente milles au plus.

Ce port est dans la province de Livonie, qui avait
été enlevée par Pierre le Grand à la Suède, et qu'elle
pouvait toujours espérer reprendre, tant qu'elle
conserverait une telle contiguité.

La frontière russe opposée à la ligne frontière
prussienne, commençait auprès de Memel; puis
rencontrant le Niémen entre Tilsitt et Kownow,
elle suivait le cours de cette rivière jusqu'à Grodno,
où elle tournait vers le sud, et allait tomber dans
la rivière de Bug, entre Drogitchin et Brestlitoff;
de là descendant jusqu'à Wlodowa, sur la fiontière
de la Gallicie autrichienne, elle continuait le long
de cette province jusqu'à la rencontre du Dniester,
auprès de Chotyn, d'où elle allait se jeter dans la
mer Noire avec ce fleuve.

Du côté de l'Asie, la frontière de la Russie était
séparée des possessions turques, par le Cuban,
petite rivière qui coule à peu de distance du détroit
très resserré qui sépare la Crimée du continent asiatique, et joint la mer d'Asof à la mer Noire. Elle
se prolongeait ensuite le long de cette rivière jusqu'à sa source; et passant devant la Géorgie, sur les
derrières ou au nord du Caucase, elle allait joindre
la rivière de Terek, dont elle suivait le cours jusqu'à la mer Caspienne.

En 1817, la frontière droite se trouve encore ap-

puyée sur l'Océan septentrional; mais de là elle s'a=
vance de cent soixante milles, et touche la frontière
de la Norwège, qu'elle entoure pendant l'espace de
cent quatre-vingt-dix milles jusqu'à la rencontre de
la rivière de Tornéa qu'elle suit jusqu'au golfe de
Botnie. Elle enlève ainsi un pays par lequel les trou=
pes suédoises passaient toujours pour aller en Fin=
lande; mais la sévérité du climat et la pauvreté du
sol empêchent tout mouvement, à moins de prépa=
ratifs antérieurs.

La difficulté des communications a contribué, il
est vrai, à la perte des provinces suédoises, car la
Suède, avec une population d'un peu plus de deux
millions d'ames, un revenu qui ne s'élève guère à
plus d'un million (1), ne pouvait suffire à une
forte dépense d'hommes et d'argent ; mais cette
difficulté sera moins sentie par la Russie, depuis
que la possession des golfes de Finlande et de Botnie
faciliteront les opérations.

La ligne frontière coupe ensuite le golfe de Botnie;
et, tournant autour de l'île d'Aland, rejoint le continent dans la province de Livonie. Elle réunit ainsi à
la Russie les ports d'Abo et de Sweaborg, qui étaient
les grands établissemens maritimes de la Suède sur
la côte de Finlande, ainsi que toutes les îles qui se

_____

(1) Avant la séparation de la Finlande, le revenu de la
Suède ne passait pas un million et demi, et la dette était
considérable. Toutes les forces militaires formaient environ
cinquante mille hommes.

trouvent entre Aland et le continent, et qui sont habitées par une population riche et heureuse. Mais l'île d'Aland n'est éloignée de la côte de Suède que de trente - quatre milles; elle n'est séparée de l'archipel qui se trouve en avant de Stockolm, que par un espace de trente milles au plus; et de Stockolm même, que par soixante-dix milles d'une mer que la glace couvre souvent au point de permettre le passage des chariots.

La position de la Russie à l'égard de la Suède est donc complètement changée. Autrefois elle était à découvert, dans une situation humiliante; aujourd'hui elle a pris une attitude menaçante; elle terrifie même; on peut dire plus encore: la réunion des circonstances fortuites qui ont favorisé l'accroissement de sa puissance, a été telle, qu'elle commande.

Sur le Niémen, la ligne frontière est restée *in statu quo* dans la longueur de cent milles environ; elle traverse ensuite la rivière de Mémel ou du Niémen; et, s'étendant à l'est de la Prusse, elle joint la Vistule près de Thorn, dont Dantzik n'est éloigné que de soixante - dix milles, et Berlin de cent soixante-dix.

Elle traverse ensuite la Vistule, et s'avance jusqu'à Kalish; qui est à une distance égale de Dresde et de Berlin; puis se dirige vers le sud, passe à trente milles de l'Oder, et remonte à l'est, en laissant à la droite le territoire franc de Cracovie. Elle est alors peu éloignée d'une troisième capitale; Vienne n'en

est distante que de cent soixante - dix milles. Quittant Cracovie, elle entoure la frontière de la Gallicie,
traverse le Dniester, et vient longer la frontière de
la Bukovine (1) jusqu'au Pruth. Elle renferme ainsi,
à l'exception du duché de Posen, toute la partie de
la Pologne qui, d'après les traités de partage, appar-
tenait à la Prusse.

Ces provinces la placent, on peut le dire, au cœur
de l'Europe; et c'est dans cette attitude qu'elle borde
les possessions de la maison de Brandebourg avec
cette même supériorité évidente et terrible, avec
laquelle un de ses vaisseaux de cent trente canons
arriverait sur une galiote prussienne, qui ne pourrait
éviter un combat où le plus faible doit périr ou être
opprimé.

Malgré la possession des forteresses de Dantzik,
de Graudentz et de Colberg, la Prusse ne pourra
jamais tenter de défendre aucun territoire au nord
de l'Oder; sa ligne de places fortes, sur cette rivière,
est maintenant le seul rempart de l'Allemagne; et ce
rempart lui-même devient inutile, si, pour soutenir
les places fortes, on ne peut mettre en campagne
des forces égales, ou à peu près égales aux forces
attaquantes, sur-tout en cavalerie. Or, cela est
presqu'impossible, puisque la Russie, sans aucune

---

(1) La Bukovine est un petit district situé entre la Transylvanie et la Moldavie, il a fait partie de ces deux provinces.
Il renferme à peu près cent trente mille habitans. Il appar-
tient présentement à l'Autriche.

levée extraordinaire, peut mettre en action, sur la frontière prussienne, cent vingt mille hommes de cavalerie (régulière et irrégulière).

Il n'est donc plus étonnant que la Prusse entrelace le myrthe à l'olivier, pour pouvoir conserver assez de terre pour les lauriers qu'elle a cueillis ! Eût-elle cent filles, et la Russie autant de fils, elle s'empresserait de les unir.

Dans la partie des frontières qui s'étend depuis Cracovie jusqu'au Pruth, le royaume de Pologne s'appuie sur une population amie, au milieu de laquelle l'aigle blanc bâtit comme sur son aire natale. Ce territoire qui, en temps de paix, fait porter envie à son possesseur actuel, ne pourrait être défendu en temps de guerre, quand même le mécontentement de la population serait moins évident. Mais des considérations politiques rendraient le contact de l'Esclavonie, avec les monts Carpathiens, dangereux pour la monarchie autrichienne.

Arrivée au Pruth, la frontière russe suit le cours de cette rivière (dont le nom rappel un évènement si désastreux) jusqu'à son confluent avec le Danube, et descend, avec ce fleuve, le grand artère de l'Autriche, et l'appui principal de la frontière de Turquie, jusqu'au lieu où il mêle ses eaux, maintenant soumises aussi au pavillon russe, à celles de la mer Noire.

De ce côté, la Russie n'est distante que de cent milles de la Transylvanie, de deux cent cinquante

environ de Constantinople par mer, et de trois
cents, en droite ligne, par terre ; de plus, les deux
provinces interjacentes, la Moldavie et la Valachie,
sont de fait gouvernées par la politique russe, quoique la Porte Ottomane en conserve la souveraineté
nominale.

La Russie s'efforça d'obtenir la ligne de la Sereth ;
mais l'Autriche ne voulut point qu'elle occupât la
totalité des provinces de Moldavie et de Valachie.
Sa frontière se fût alors appuyée sur l'Illyrie et le
haut Danube ; et non seulement l'Illyrie, mais encore le Bannat, la Transylvanie et la Hongrie eussent été à découvert. De plus, cet arrangement
aurait mis la Russie à deux cents milles seulement
de Constantinople.

Les préparatifs de Buonaparte avaient engagé la
Russie à presser la signature de la paix ; l'arrivée
d'Andréossy, chargé d'entraver les négociations,
avait été heureusement retardée. Les ministres turcs
signèrent les conditions d'un traité, pour lequel on
leur fit ensuite abattre la tête, sous prétexte qu'ils
avaient reçu des présens de la Russie.

Il est probable que, dans les circonstances de
l'invasion qui suivit, l'on eût pu persuader à la
Russie de se retirer sur le Dniester.

Le recouvrement de la Bessarabie était un objet
principal pour la Porte, à cause de la ligne du Danube ; ce recouvrement était aussi très-désirable
pour l'humanité ; car la Moldavie, séparée, comme

la Saxe, en deux parties, voit sa population divisée;
et, soumise à deux gouvernemens d'intérêts si op-
posés, elle souffre tous les maux que l'on peut
attendre d'une politique semblable; politique que le
roi de Saxe a si bien décrite dans sa protestation, en
disant « qu'elle n'avait pour base d'autre principe
« que l'accord des puissances partageantes, sans le
« moindre égard pour le bonheur et les relations in-
« térieures des peuples. »

Ces considérations, jointes à l'importance des relations pacifiques avec la Turquie, en vertu des-
quelles l'armée de Moldavie devenait applicable au
service auquel on l'employa par la suite, eussent
peut-être pu amener la restitution volontaire de
l'acquisition faite en Moldavie; mais la sûreté fu-
ture de la Turquie n'attira point alors suffisamment
l'attention de ses alliés, et ils n'eurent point la pré-
voyance d'Alexandre à Abo. On perdit ainsi l'occasion; et la fortune, comme toutes les femmes,
est sensible au mépris qu'on fait de ses faveurs.

Voilà la position actuelle de la Russie : elle ne
voit plus son flanc ou ses communications me-
nacés par les uhlans de la Pologne; au contraire,
les soldats, la population, les ressources de cette
riche et belliqueuse contrée sont au nombre de ses
appuis. Elle ne redoute plus une diversion de la
part de l'armée suédoise, où les liens du sang
eussent encore pu favoriser les opérations de l'envahisseur. Tandis que la Turquie, privée de ses

auxiliaires, abandonnée à ses propres moyens de défenses, qui diminuent chaque jour, voit un danger plus redoutable encore approcher de sa frontière, auparavant inaccessible à tout *giaour* (1) ennemi.

Après l'acquisition de la Crimée en 1791, la rivière du Cuban, comme on l'a observé plus haut, servit de ligne de démarcation entre la Russie et la Turquie. Cette rivière, par elle-même, n'est d'aucune importance ; mais elle en acquiert à cause d'un isthme fort étroit, formé par un petit golfe (dans lequel les eaux du Cuban se jettent) et par la mer Noire ; cet isthme s'avance jusqu'à vingt milles sur la pointe d'Anapa, où le Caucase vient se terminer presque sur le rivage, et réduit ainsi la ligne de défense à un point.

Maintenant, le Croissant ne flotte plus sur les batteries du Cuban ; l'étendart de Mahomet, remplacé par l'aigle de Russie, a été chassé au-delà du Phase navigable, et on ne le retrouve plus que sur le fleuve Bathus en Arménie, qui présente une faible barrière. Tandis que la frontière avancée de la Russie, défendue par la chaîne des montagnes qui lie la Géorgie à sa nouvelle position, lui assure une autorité indisputable sur le pays conquis, et semble défier l'invasion.

Sur ce point, donc, comme sur les frontières de

---

(1) Mot turc ; terme de mépris pour les chrétiens.

Suède, de Pologne et de Moldavie, la Russie, invulnérable elle-même, est prête à frapper, à blesser, et à lancer son foudre sur l'Asie, dès que sa politique trouvera le moment favorable ; car, pour atteindre à tous les points auxquels elle peut viser, elle n'a plus maintenant à faire que des marches de peu de jours (1).

Elle n'est éloignée de Trébisonde que de quatre-vingt milles ; de la rive occidentale de l'Euphrates, de quatre-vint-dix milles au plus ; d'Arzeroum, de cent ; de Sinope, de deux cent soixante-dix ; de Scutari, vis-à-vis Constantinople, d'un peu plus de cinq cents ; d'Alexandrette (2) (port de mer opposé à Cyprus, dans la Méditerranée, et seulement à soixante milles d'Alep)., d'Alexandrette, en passant par l'isthme de l'Asie mineure, d'un peu plus de quatre cents ; et de là à la mer Rouge, de cinq cents au plus.

La Russie a en outre sur ce point l'avantage de communications parfaitement libres, et d'une route par mer, pour le transport de ses munitions et de ses provisions ; elle n'attend qu'un signal pour avancer, et s'emparer des seuls passages par où les Turcs, en Europe, puissent recevoir leurs renforts d'Asie, elle est postée de manière à pouvoir lancer,

(1) *Voyez*, pour de plus amples connaissances, l'*Etat de la Turquie*, par Thornton, 2 v. in-8°. Paris, J. G. Dentu, 1812.

(2) Près de cette ville, Alexandre vainquit Darius à la bataille d'Issus.

des rives du Bosphore, les feux *grégeois* sur les tours du sérail, si le sultan n'obéit à l'ukase parti de Saint-Pétersbourg!

Le canon de Buonaparte, à Saint-Jean-d'Acre, ébranla l'empire Ottoman jusque dans ses fondemens; si les armées Françaises avaient occupé la position que tiennent aujourd'hui celles de la Russie, sur le Danube et dans l'Arménie, ayant la mer Noire sous leur domination; ou bien, si une seule armée eût atteint l'Asie mineure, malgré l'isolement où se fût trouvée cette armée, malgré la privation des avantages que donnent à la Russie ses liaisons de religion avec les Grecs, il est incontestable que l'Arménie aurait vu une seconde fois une poignée de soldats, regardée « comme trop nom-« breuse pour une ambassade, et trop faible pour « un combat, » mettre en fuite, avant le coucher du soleil, par sa discipline, la multitude des soldats Arméniens; et le drapeau tricolore eût flotté sur les murs de Bysance.

On pourra dire que la Perse marcherait au secours des Musulmans, malgré les querelles de religion qui rendent ces deux nations ennemies mortelles, lorsqu'elles n'ont rien à craindre des Chrétiens. Mais la Perse elle-même, par le dernier traité conclu sous les auspices de l'Angleterre, est abattue aux pieds de la Russie (1).

_____

(1) L'ambassadeur anglais obtint les meilleurs termes qu'il

La Russie est descendue des montagnes! Elle n'a plus maintenant à combattre les obstacles de la nature et les barbares du Caucase; elle s'est avancée dans la plaine; elle a étendu sa frontière autour de la Géorgie, et enlevé à la Perse les provinces de Darughistan et de Shirvan, de manière à consolider et cimenter l'union de toutes ses possessions; elle a élevé, à l'embouchure de la rivière de Kur, un des piliers qui soutiennent son empire; et, pour compléter son triomphe, pour écarter tout rival et monopoliser le commerce, elle a stipulé que son pavillon, et son pavillon seul, naviguerait sur la mer Caspienne.

Ainsi, la Perse est renversée dans la poussière, et son trône est tombé dans la dépendance et la servitude orientale. Il est vrai qu'affranchie des préjugés de la Turquie, elle a long-temps sollicité, et obtenu enfin d'être instruite par des Européens, par des officiers français. Mais est-il probable qu'ils aient apporté avec eux des sentimens de malveillance contre la Russie aussi forts que ceux qu'ils ont contre l'Angleterre; et qu'ils préfèrent assiéger les glaces du Caucase, plutôt que de se joindre à une expédition pour partager les dépouilles de l'Asie, et venger en Orient les humiliations qu'ils ont essuyées en Europe?

---

lui fût possible; mais comme il ne put en obtenir de plus favorables, il ne fit que renforcer l'assertion que contient le texte sur la situation désespérée de la Perse.

Pour atteindre Teheran, la capitale du Schah, les colonnes russes n'ont qu'une marche de trois cent milles ; et, par la mer Caspienne, elles peuvent être débarquées après une navigation de cent milles seulement. Ainsi, une armée peut être transportée de la Baltique par la navigation intérieure, depuis Saint-Pétersbourg jusqu'à Astrakan, prendre terre sur les côtes méridionales de la mer Caspienne, et planter ses tentes à quatre cents milles du golfe Persique ; de ce golfe, jusqu'à Bombay, le voyage n'est que de vingt-quatre à trente jours par les deux moussons, et pour arriver à Madras, il ne faut que huit ou dix jours par la mousson du sud-ouest (1).

Voilà l'attitude territoriale de la Russie ; mais quelle puissance peut fournir des forces suffisantes à la garde d'une frontière dont les points d'appui sont la mer du Nord et la mer Caspienne, la Chine et l'Arménie ? d'une frontière sur laquelle les Suédois, les Autrichiens, les Turcs, les Chinois, sont rangés en bataille, excités par leurs sentimens et leurs intérêts à combattre l'État qui veut les rendre esclaves ?

La Russie peut-elle défendre une pareille frontière ? elle qui, en 1799, ne pouvait disposer que

_____

(1) Néarque, qui commandait la flotte d'Alexandre-le-Grand, ne connaissant point la boussole, fut obligé de longer la côte, et cependant son voyage depuis l'Indus, ne dura que soixante-un jours.

d'une armée de cinquante mille hommes ; qui, en 1807, n'en avait pas plus de quatre-vingt mille pour la défense de ses deux capitales ; et enfin, en 1813, n'avait que trois cent mille hommes (1) sur tout son territoire, après plusieurs années de préparatifs. Peut-elle, après une invasion dévastatrice, après des guerres destructives et ruineuses, avoir rassemblé et rééquipé des armées assez fortes pour défendre ses acquisitions et augmenter ses avantages ? Il faut répondre qu'elle le peut. Oui, l'Europe et l'Asie sont forcées de reconnaître la vérité de cette assertion.

Ces deux quarts du globe sont couverts par la masse de six cent quarante mille hommes, qu'un établissement militaire d'un million deux cent mille nous produit en ordre de bataille, sans compter la milice, la cavalerie tatare, etc.

Le fait est que la Russie, après avoir placé trente mille hommes de troupes convenables, avec de l'artillerie, en Finlande, quatre-vingt mille sur la frontière de Gallicie, soixante mille en Moldavie, trente mille sur la frontière de l'Arménie, un nombre égal en Perse, et laissé une réserve de cent mille hommes pour soutenir ces armées, peut encore disposer de plus de deux cent mille

---

(1) Pierre-le-Grand avait, dit-on, cent mille hommes à Nerva. Mais c'étaient des troupes que l'on pouvait comparer à des troupeaux de moutons, dont le nombre n'embarrasse jamais les loups, et que battirent huit mille Suédois bien disciplinés.

hommes d'infanterie, de quatre-vingt mille chevaux, et de mille deux cents pièces de canons, dont le train est meilleur qu'aucun autre d'artillerie, où même qu'aucune autre cavalerie du monde (1). Ces troupes composent une armée qui ne le cède en bravoure à aucune autre, et qui n'a point d'égale pour soutenir les fatigues de la marche, la faim, et endurer les privations physiques et les injures du climat. La Russie possède de plus une population qui peut fournir tous les secours nécessaires, et à laquelle les habitudes et les peines de la guerre sont familières, tandis qu'il n'est point de puissance en Europe qui puisse lever, équiper, ou entretenir ses armées, en mettant la vie du soldat à un prix aussi modique (2).

Telle est aujourd'hui la Russie, telle a été sa croissance gigantesque dans un espace à peine d'un siècle ! Les élémens de sa grandeur existaient sans doute depuis long-temps; mais, semblables aux trésors enfouis dans les entrailles de la terre, on ne les connaissait point encore; et quand on les a découverts, il fallait une main habile pour les séparer de la gangue et des autres matières étrangères.

---

(1) La milice formerait les garnisons, si l'occasion exigeait que l'on mît toutes les troupes régulières en campagne. Ses moyens de défense sont véritablement si grands et si variés, qu'ils sont incalculables.

(2) La paye actuelle du soldat russe n'excède pas une demi-couronne (trois francs) par mois.

L'habileté et l'audace ont dirigé la machine : la fortune et les erreurs des ennemis, ont aidé à son action. En même temps, la moralité politique n'a jamais été un obstacle aux projets de la Russie ; et à la vérité, jamais ce n'en a été un pour aucune puissance depuis le commencement du monde. L'Asie, l'Europe et l'Amérique ont à peine vu un jour où cette moralité ait servi de bouclier aux droits, aux libertés, à l'indépendance du faible, dénué de toute autre protection. Vraiment si la nature et le barbarisme n'opposaient pas de trop formidables obstacles, une armée de libérateurs et de champions de de l'ordre social « traverserait bientôt l'Afrique, et au pieds des murs de Tombuctoo, demanderait par la bouche de ses canons, sous un prétexte ou sous un autre, soumission et tribut ; peut-être même une indemnité pour les contributions levées de force jadis par Annibal (1). »

Alexandre porte en ce moment la pesante couronne de l'empire de Russie, et il déploie un talent égal à la tâche qu'elle lui impose. Ses idées philosophiques ont été, il est vrai, affaiblies par de pernicieux conseils ; mais ceux qui l'ont connu dans d'autres jours, conservent encore l'espoir qu'il ne

---

(1). On dit que les Prussiens et autres, demandent maintenant quatre cent millions de dollars (2,000,000,000 de fr.), comme indemnité pour les dépenses des guerres de la révolution (absurdité).

substituera pas une politique dure, dont les appuis
sont la tyrannie, l'ignorance et le fanatisme, aux sentimens de cette véritable philantropie qui doit toujours être en possession de son cœur, quoiqu'elle ne
dirige pas ses relations étrangères.

Si Alexandre eût résisté aux ennemis de la liberté et du bonheur des hommes; s'il eût persévéré
dans le vœu qu'il exprimait autrefois, de voir les
gouvernemens et les nations tellement constitués,
que les souverains se trouvassent seulement les re-
présentans exécutifs d'états représentés, dont l'action ne dépendît pas du caractère particulier du chef,
mais de principes généraux fixés et opérant par
eux-mêmes, il eût ajouté à sa gloire le titre plus
beau et moins périssable de « bienfaiteur du genre
humain !! »

En ce moment il ne se montre que sous la forme
(et ce résultat fait triompher ses ennemis) d'un
conquérant qui attire les regards de l'univers par
l'énormité de sa puissance pour faire du mal réel, et
du bien problématique.

Comment employera-t-il l'immense force à sa
disposition ? Certainement cette question est du
plus haut intérêt. Prendra-t-il pour lui la ligne de la
Vistule ou même celle de l'Oder, en refoulant la
Prusse sur la Hollande, et frappant de nouveau la
France de terreur par ses immenses armées ? Où
bien entrera-t-il en négociation avec l'Autriche
pour un nouvel arrangement qui rétablisse l'équi-

libre des puissances européennes ? Telles sont les conjectures qui ont excité les espérances et les craintes d'un grand nombre de personnes. En voici une troisième qui doit intéresser tous les gouvernemens, sans en excepter même le *gouvernement* des Indes orientales. Profitera-t-il de la position et de la supériorité actuelle de la Russie pour accomplir d'autres projets attribués depuis long-temps à son système de politique ? L'attention de tous ces gouvernemens sera peut-être excitée davantage, quand ils sauront que le général Yermoloff, gouverneur de la ligne du Caucase, qui en ce moment même, a probablement atteint la capitale de la Perse, où il se rend en qualité d'ambassadeur, est un officier du plus haut mérite, et de la capacité la plus grande, tant comme administrateur que comme soldat; que cet ambassadeur est aidé, non-seulement par les officiers français employés en Perse, sous Gardanne, mais encore par les rapports et les cartes envoyés de cette mission à Buonaparte, qui furent portés en Russie à l'époque de l'invasion, et qu'on trouva pendant la retraite, dans deux fourgons abandonnés.

Alexandre a engagé ces officiers au service de la Russie, à l'exception de trois (1).

Les rapports et les cartes dont on vient de parler,

_____

(1) Voici les noms de ces officiers :

Gardanne, Koussian, *secrétaire,* Lajard, *sous-secrétaire,* Joannini, *interprète,* Salvatori, *médecin,* Lami, Bon-

avaient convaincu Buonaparte, que l'expédition aux Indes était praticable; et c'est un fait positif, qu'il avait résolu d'envoyer un corps de Russes et de Français pour cette expédition, au cas où la Russie eût été forcée à faire la paix aux conditions qu'il proposait (1).

Ce sont là deux circonstances additionnelles très-importantes pour diriger l'opinion, si elles ne peuvent fixer le jugement sur l'extension ultérieure de la puissance russe.

Alexandre a déjà une armée beaucoup plus nombreuse que sa ligne de défense ne l'exige, ou que ses finances ne l'autorisent; et cependant, il continue d'augmenter ses forces.

La Russie n'a une ligne de côte que sur deux mers dans lesquelles on ne peut naviguer que la moitié de l'année. Sur l'une des deux, la Baltique, elle n'a point de compétiteur; et elle ne se contente cependant pas d'un établissement maritime de quatre-vingt vaisseaux de ligne, dans les ports d'Archangel, Cronstadt, Rével, Sévastopol et Cherson.

---

temps, Verdier, Fabrice, Bianchi d'Adad, Robert, Marion, Guidard.

Ce sont tous des officiers de génie et d'artillerie très-distingués. On dit que quelques-uns d'eux, après s'être reposés à Téhéran, doivent aller en mission auprès d'une puissance indienne.

(1) *Voyez*, à la fin, l'extrait du *Morning-Chronicle* du 25 septembre 1817.

Pendant qu'elle était accablée par la guerre que lui fesait la France, elle a continuellement construit, et elle construit encore avec une activité croissante, les plus forts vaisseaux de ligne.

Alexandre sait tout aussi bien qu'aucun amiral anglais, que des vaisseaux, quelque soient leur grandeur ou le nombre de leurs canons, sont parfaitement inutiles quand on n'a point de matelots pour les diriger; il sait aussi que des matelots ne peuvent se former en restant sur des mers entourées de terres, comme le sont les siennes. Il sait et il sent aussi bien qu'aucun économiste de l'Europe, que les vaisseaux ne sont que des vanités dispendieuses, quand on ne les construit que pour l'ostentation. Il n'y a point de souverain qui eût été moins porté qu'Alexandre à détourner l'argent de son trésor des nécessités de l'Etat, pour l'employer à satisfaire un désir aussi inutile.

Il y a donc une évidence, qui équivaut presqu'à la conviction, qu'il s'est toujours proposé d'exécuter les instructions de Pierre-le-Grand, et d'étendre son Empire, jusqu'à ce qu'il puisse établir cette puissance maritime réelle, que son peuple et lui convoitent encore davantage, depuis qu'ils ont vu tant de cette richesse commerciale ou, comme ils l'appellent, d'*or colonial*, entrer dans leur pays. *Putant enim, qui mari potitur, eum rerum potiri.*

Il n'est point probable qu'il se contente d'un *permis hollandais;* mais c'est au temps à montrer

8

s'il cherchera à s'établir dans les ports de la Norwège, dans la Zélande, dans l'Archipel, dans la Méditer‑ ranée; ou si, comme le fils de Jupiter-Ammon, sur les bords de l'Hypasis, il s'écriera : « Notre Empire n'aura d'autres bornes que celles que Dieu a mises à la terre. »

L'Europe, et l'Asie, et l'Amérique (1) (on n'a rien dit de cet hémisphère, parce qu'il n'est point

(1) Il sera probablement intéressant pour le lecteur de savoir que les établissemens russes commencent à Okotsk, sur la côte de Sibérie, dans une baie de l'Océan Pacifique; que de-là, ils s'étendent par le Kamschatka à la côte nord‑ ouest de l'Amérique, où les principaux établissemens ont été long-temps fixés dans l'Inde populeuse de Kodia (habitée par des chasseurs, et située par les 57° et demi latitude nord, et les 152° et demi longitude ouest de Greenwich), et dans Norfolk-Sound, par les 57° latitude nord et 135° longitude ouest. Dans ce dernier établissement, le fort est assez con‑ sidérable pour avoir cent pièces de canon. Mais depuis 1813, les Russes ont descendu la côte d'Amérique, se sont avancés de cinq cents milles au-delà de la Colombia, et se sont établis à Badoga, à 38° et demi de latitude nord, et seulement à trente milles des établissemens espagnols en Californie, où non seulement ils commercent avec un grand avantage, mais profitent encore d'un beau climat et d'un sol fertile pour nourrir leurs possessions plus au nord. On peut estimer la durée du passage de la côte nord-ouest d'Amérique au golfe Persique, à trois ou quatre mois; mais un vaisseau qui par‑ tirait de Bassora en avril, pour profiter de la mousson sud‑ ouest, arriverait aisément à la côte nord-ouest d'Amérique en trois mois.

encore assez mûr pour les évènemens; cependant, il enfante en ce moment des choses du plus haut intérêt pour le monde) ne feront-elles aucun effort pour la conservation de leur indépendance?

La volonté d'Alexandre doit-elle être la loi de l'univers? La Russie, semblable à Rome sous la figure de l'athlète Milon, chercherait-elle en vain autour d'elle un antagoniste?

Il est pénible de voir qu'une guerre entreprise pour rétablir l'équilibre des puissances, ait fini par la ruine de tout équilibre, par la substitution d'une domination solide à une autorité momentanée, et de la suprématie d'une nation à celle d'un homme extraordinaire, mais sujet à toutes les vicissitudes de la fortune, à toutes les infirmités humaines; et cependant, jusqu'à ce que la France soit réunie à l'Europe, jusqu'à ce qu'elle puisse contribuer au système général de défense, tout Monarque, toute nation du continent est redevable de son existence à l'abstinence d'Alexandre.

Pour vérifier cette assertion, si révoltante pour l'orgueil des peuples, et si opposée à l'attente générale, il est nécessaire de passer en revue, d'une manière concise, mais exacte, la situation dans laquelle les puissances citées comme les gardiennes de l'Europe, se sont trouvées placées par la politique suivie à Paris, d'abord, et à Vienne ensuite.

Et d'abord, si l'on commence par la France, il n'y a pas beaucoup de choses à dire pour prouver que la coopération de cette puissance ne peut être que faible, après tous ses malheurs.

La force de la nation n'est point encore à la disposition du gouvernement; les contributions et l'entretien d'une armée étrangère l'épuisent. Or, la France ne peut être utile à ses alliés, à moins de mettre une armée de cent cinquante mille hommes en campagne.

Mais la France armée ne causerait-elle pas plus de terreur à l'Autriche, à l'Angleterre, etc., qu'à la Russie? L'une craindrait pour l'Italie, l'autre pour le Scheldt; le reste appréhenderait des représailles. La Russie, seule, par les causes ci-dessus assignées, a peu à craindre. Quel que soit l'évènement, le danger présumable est plus positif et plus grand que le bien projeté.

On pourrait écrire des volumes, qu'il faudrait toujours arriver à la même conclusion, tant que la France ne sera pas délivrée de ses embarras financiers, militaires et politiques; tant que son gouvernement ne pourra pas dire, dans toute son acception : *Toto certandum est corpore regni;* la France ne peut être un allié utile; et cependant l'inefficacité de la France ôte au continent européen le pouvoir de former un système fédéral de défense.

Si l'on passe ensuite à l'Autriche, on voit cette puissance, après une lutte opiniâtre de vingt années, ruinée par ses pertes militaires et financières, paraître avoir atteint le comble du malheur. Une alliance de famille avec celui qui l'avait conquise, lui rend l'attitude d'une grande puissance européenne.

Cette liaison avec la France était une mesure de politique nationale ; et le rétablissement de la maison de Lorraine sur le trône de France, auquel tous les autres trônes rendaient alors hommage, diminua un peu l'âcreté de ce sentiment, que des humiliations antérieures avaient fait naître dans l'esprit de la nation en général.

Mais la noblesse, dont les fortunes avaient été détruites par la guerre et les exactions de Buonaparte, ne put regarder ce mariage que comme une nouvelle mortification. On sent qu'avec de pareils sentimens, les blessures, dont l'extérieur semblait cicatrisé, étaient loin d'être intérieurement guéries.

Buonaparte n'ignorait pas cette animosité sécrète ; et quand il envahit la Russie, il se résolut à faire un sacrifice temporaire de l'indépendance de la Pologne, pour acheter la coopération de l'Autriche.

L'issue de la campagne de Russie, à laquelle l'Autriche contribua tant, en empêchant Buonaparte de rétablir un trône polonais à Varsovie, la rendit l'arbitre des destinées de l'Europe. Mais elle abandonna cette belle attitude ; elle mit son épée dans la balance en faveur de la Russie ; et l'Allemagne, suivant son exemple, se délivra de la domination française.

Résignant sa politique au cours des évènemens, et ne tentant jamais de construire un système qui fût son propre ouvrage, elle vit ôter la couronne de

France du front de sa fille, sans faire le moindre mouvement pour s'y opposer

L'Europe, ou les cabinets de l'Europe, applaudirent à la magnanimité du sacrifice; et si, pendant un instant, l'Autriche sentit que c'en était un, elle trouva bientôt des consolations dans la dépouille de l'empire français.

Nuls droits nationaux, nuls engagemens solennels, ne furent des obstacles à ses réclamations d'indemnité; non seulement restitution lui fut faite de toutes les provinces et contrées qu'elle avait perdues dans le cours de ses guerres, mais encore Raguse, Venise, et toutes les possessions vénitiennes, lui furent données par des alliés qui s'étaient confédérés pour punir l'ambition, et rétablir l'indépendance et les libertés des Etats subjugués.

On eût encore ajouté le partage de la Suisse, et l'annexation de l'Alsace et de la Lorraine à la monarchie autrichiene; mais Alexandre intervint, et les mémoires pour prouver les droits de l'Autriche à ces nouvelles acquisitions, retournèrent aux archives de Vienne.

En suivant ce système d'agrandissement, François, certainement, ne considérait pas qu'il agissait dans l'esprit de cette usurpation contre laquelle l'Europe s'était soulevée, et qu'elle avait renversée.

Chéri personnellement de ses sujets, à cause de la bonté de son caractère, et de la douceur de son administration, il oublia qu'il n'était point immortel, et que les nations préféraient la sûreté qu'on trouve à se gouverner soi-même, à l'exercice précaire d'une autorité despotique. Il oublia aussi que l'exemple est contagieux et fatal, quand il fournit des *précédens* pour l'abus du pouvoir.

Il est vrai qu'il étend aujourd'hui son sceptre sur vingt-huit millions d'âmes ; que le pavillon autrichien flotte sur l'Adriatique ; mais n'est-ce point le plumage d'un jour qui orne l'oiseau impérial, sans le soutenir dans son vol ? Ces vingt-huit millions d'hommes sont-ils unis par l'intérêt, et une dépendance volontaire ? N'y a-t-il pas, au contraire, plus de huit millions de Galliciens, de Monténégrins, de Ragusins et d'Italiens retenus par force dans la soumission ? Et un aussi grand nombre encore n'est-il pas exposé à la séduction, par le sacrifice que fait de sa prospérité un système partial et faux d'économie politique ?

La Russie, la Russie esclavonne, la Russie grecque, la Russie cosmopolite, avec ses six cent quarante mille hommes sur le Danube, le Pruth, le Bug, la Warta, la Pologne pour avant - garde, et la Prusse pour partisan, n'est-elle pas plus formidable, à perpétuité, pour l'Autriche, que ne le fut Buonaparte lui-même ? Cependant, la cause de ses craintes depuis tant d'années, n'est point détruite ; car la France, quoique muselée aujourd'hui, est « comme « le lionceau qui refuse de montrer la patience de « l'âne couché entre deux fardeaux (1). » En cas de

_____

(1) Genese. Judas et Issachar.

guerre avec la Russie, trois cent cinquante mille hommes (c'est le *maximum* de ce que peut mettre l'Autriche en campagne), formeraient-ils un rempart suffisant pour protéger la frontière contre l'envahisseur, et retenir dans le devoir ses sujets méridionaux ?

Elle n'est plus attachée à la France par les liens du sang, et d'ailleurs nous avons déjà exposé la situation de ce pays. Peut-elle, avec confiance, aller sur une seule ancre ?

Elle n'a point de crédit ; elle n'a point de richesses réelles ; où pourrait-elle obtenir quelqu'aide pécuniaire dans la nécessité où elle se trouve ? La France peut emprunter ; la Russie peut aussi se procurer de l'argent ; mais où l'Autriche pourrait-elle négocier un nouvel emprunt impérial ?

Sans l'Angleterre pour trésor, sans la France pour réserve, avec un volcan sous ses pieds, et un cordon de baïonnettes russes sur ses frontières, sa situation est-elle améliorée par le nouveau système politique de l'Europe, autant qu'elle aurait pu l'être, si elle eût préféré la solidité à l'agrandissement ?

Quand elle rompit les liens qui l'unissaient au gouvernement et au peuple français, fut-elle sage d'établir le droit du plus fort comme loi publique de l'Europe ?

Comme la protectrice d'Etats du second ordre, elle eût reçu une nouvelle vigueur de leurs efforts concertés ; en participant à l'acte qui les a détruits, elle a partagé avec l'Angleterre toute la haine, et s'est rendue complice de sa propre dégradation.

Les Autrichiens sont un peuple doux et excellent, mais jamais il n'ont été en bons termes avec les États qui dépendent d'eux (1); parce que la pauvreté, ou, dans quelques cas, la pauvreté simulée de leur gouvernement, exigeant de pesantes exactions, leur a donné la réputation de vexer les pays qu'ils gouvernaient.

Ils ne se sont point fait d'amis dans les parties les plus civilisées de l'Europe, parce que jamais ils ne se sont conformés à l'esprit du siècle (2). En ce moment il règne contre eux une malveillance, fruit de la réunion d'erreurs et d'espérances désapointées, qui facilite les opérations des cabinets ennemis, et

---

(1) Excepté le Tyrol, où le peuple ne veut se soumettre à aucun impôt. Aussi l'Autriche était-elle fort indifférente sur la restitution de cette province.

(2) Toutes ces observations s'appliquent au système, et non aux individus qui agissent sous ce système. Dans la dernière guerre, Schwartzemberg et Bellegarde firent tout ce que l'on pouvait faire pour concilier l'esprit public, et ils le firent avec autant de bonté naturelle que de sage politique. Les officiers de leur armée adoptèrent la même ligne de conduite; mais les nécessités de l'Etat détruisirent tout ce qu'avaient produit leurs efforts partiels. Ils adoucirent le mal; mais comme ils ne pouvaient remplir le trésor, ils vérifièrent l'observation de Burke : « Il n'est pas plus donné à l'homme « de plaire en mettant des impôts, que de rester sage en ai- « mant. »

qui, si elle n'est affaiblie, et promptement affaiblie, préparera la voie à de plus grands malheurs.

L'Autriche forme naturellement l'ouvrage avancé de l'Europe contre le Nord ; mais jusqu'à ce que la France puisse être réunie à la ligne de défense, jusqu'à ce que les montagnes Carpathiennes soient liées aux Alpes par des pays et des gouvernemens amis, elle ne peut pourvoir à sa propre sûreté, et bien moins encore se charger de maintenir l'équilibre de la balance européenne.

Le ministre d'Autriche, homme d'un tal entêmnent, et qui, incontestablement a rendu plusieurs grands services à son pays, se glorifie, dit-on, de ce que « jamais en politique son cabinet ne se laisse « entraîner par l'imagination » ; il aurait raison, si ce cabinet n'avait point oublié non plus que la fortune a des ailes ainsi que des mains ; que quand elle ouvre les unes, elle déploye les autres ; et que si l'on méprise ses caresses, elle s'envole, sans que les prières ni les ruses puissent la faire retourner sur ses pas.

On a cité aussi la Turquie comme pouvant donner de l'emploi aux Russes, s'il en était besoin. C'est un Etat contre lequel la civilisation se serait depuis long-temps levée en masse, si la sûreté des Etats russes n'eût été comprise par sa destruction.

Quand la Turquie eut cessé d'être une puissance conquérante, quand on n'eut plus à craindre qu'elle substituât en Europe le koran à l'Evangile, la Suède, la Pologne, l'Autriche, la France et l'Angleterre recherchèrent son alliance à diverses époques, et la firent contribuer à l'équilibre de l'Europe.

Mais le partage de la Pologne rompit la chaîne qui l'attachait à la politique européenne ; depuis cet évènement, elle s'est graduellement isolée, et elle a été obligée d'acheter sa tranquillité par des sacrifices qui rendent sa durée moins probable.

Elle eut cependant en 1815, une occasion de recouvrer une ligne de défense, qui aurait pu la protéger. Elle signa, néanmoins, un traité qui l'a mise encore plus à la merci de la Russie ; et quoi qu'elle eût reconnu son erreur avant que la cire fût refroidie, aucune tentation ne put l'engager à violer sa foi.

Le divan sentait bien le danger où se trouverait la Turquie, quelque fût le résultat de l'invasion de la Russie ; selon son opinion, le succès de l'une ou l'autre des deux puissances était également fatal aux intérêts ottomans.

Mais il était loin de prévoir que la Russie ne voudrait point remplir les conditions d'un traité qui avait été aussi avantageux pour elle. Il se flattait même qu'elle lui restituerait généreusement toutes les cessions qu'il avait faites si gratuitement et si imprudemment.

L'infraction de ce traité donnait aux Turcs le droit de déclarer la guerre, ou plutôt de reprendre les hostilités (car, entre la Turquie et la Russie, on peut dire : « *Bellum semper manet , pugna cessat* ») ; mais les violations elles-mêmes, quoique provoquant la résistance, commandent la soumission. Telle est la puissance offensive qu'elles donnent à la Russie.

La Turquie possède en tout vingt-deux millions de sujets nominaux (1) ; douze en Europe , et dix en Asie. Mais il y a deux millions et demi d'Égyptiens , et jamais ce peuple n'a servi dans les armées ; et plus de quatre millions de Grecs , qui ne sont employés qu'à bord des vaisseaux de guerre , où il leur faut combattre , sous peine d'avoir la tête tranchée par le cimeterre des bas-officiers.

Tout Turc est soldat, il est vrai, et un soldat courageux ; mais on ne peut le discipliner , et par là même il devient une conquête facile.

Les Turcs ont non - seulement à résister aux Russes sur le Danube et dans l'Arménie, mais encore à contenir leur population grecque , et à réprimer parmi eux-mêmes la rébellion , qui , semblable à la flamme de la montagne de Deliktash (2) , brule

---

(1) Le Sage lui en donne vingt-huit millions ; ce calcul est autant au-dessus de celui des autres géographes, que son recensement de la Russie est au-dessous des leurs.

(2) Le capitaine Beaufort (celui-là même qui, dans ses voyages en Caramanie , fit une action si honorable pour lui et pour sa patrie, en ne laissant point , par un dur calcul de prudence , égorger de sang-froid soixante malheureux Turcs, en vue d'un pavillon anglais) , le capitaine Beaufort parle de

continuellement, sans cependant s'étendre jamais assez pour menacer d'une destruction générale.

Il est vrai que le sultan Mahmoud est un homme habile et instruit. Pendant qu'il attendait en prison la couronne dont il était l'héritier (1), l'infortuné Selim lui enseigna les devoirs du gouvernement (2).

Mahmoud a aussi montré beaucoup de courage et de présence d'esprit; qualités éminemment nécessaires, quand les janissaires, l'épée à la main, paraissent à ses conseils sans y être appelés. Mais que peut-on faire avec un peuple tumultueux, dont l'obstination égale l'ignorance, et dont l'énergie ne veut se soumettre à aucune règle, à aucune discipline?

Presser la Turquie de s'engager dans une guerre,

---

cette montagne, dont Pline a fait mention; et, d'après diverses circonstances, il suggère que les contes qui circulent aujourd'hui sur Moosa Dagli (la montagne de Moyse) immédiatement contiguë au Deliktash, peuvent avoir quelque liaison imaginaire avec celui du *buisson ardent* sur la montagne d'Horeb, qui se trouve dans l'Exode.

(1) C'est là le lot de tous les héritiers présomptifs dans ce pays.

(2) Le sort de Selim est universellement regretté en Turquie; et les janissaires, même dans le sérail, chantent aujourd'hui la romance qu'il composa la veille de sa mort. Il y décrit pathétiquement tous ses malheurs, déclare que le bien de son pays dirigea toutes ses actions, fait un appel aux peuples, et demande à être délivré de leur cruauté, comme étant un agent du destin qui veut leur bonheur.

c'est lui conseiller sa destruction. Il lui reste, sans doute, encore quelques moyens de résistance, que l'imprudence rendrait inutiles.

Le temps est maintenant son unique moyen de salut : si elle profite de ce temps, pour organiser, tout en conservant la paix, un système de défense convenable à l'exigeance de sa position, il se passera encore des années avant qu'un *Te Deum* soit chanté dans Sainte-Sophie. Mais « si elle ne choisit pas bien
« le commencement des affaires et le moment de
« l'attaque ; si elle se laisse tromper par des ombres
« alongées, et qu'elle tire sur l'ennemi avant qu'il soit
« à portée ; elle enseignera aux dangers à se précipi-
« ter sur elle en cherchant trop tôt à les prévenir. »

Il faut que Mahmoud couvre le turban du casque de Pluton, « qui rend invisible » l'homme politique, jusqu'à ce qu'il puisse mettre ses projets à exécution : ou s'il est attaqué auparavant, il faut qu'il mette son espoir dans le désespoir seul, qui, donnant de la force au fanatisme, pourra fournir les moyens de conserver le trône de la Barbarie.

Arrivant enfin à l'Angleterre, quatrième des états cités dans l'article qui commence cet ouvrage, on trouve cette contrée divisé en deux partis :

L'un pense que toute liaison avec des puissances continentales est nuisible à ses intérêts et fatale à ses libertés :

L'autre proclame qu'il ne doit pas être tiré en Europe un seul coup de canon, sans qu'une pièce chargée de subsides anglais y réponde ; et il prétend que la gloire militaire est d'un plus grand prix, que la liberté constitutionnelle.

Il ne serait pas difficile de prouver la proposition que soutient le premier de ces partis.

Huit cent millions (sterlings) de dette consolidée, et soixante millions de dette flottante, huit millions de taxes des pauvres (1), et la suspension de l'*Habeas corpus*, en temps de paix, sont des axiômes qu'aucune logique ne peut détruire.

L'autre parti, s'il pouvait se procurer des guinées, dans sa rage pour les lauriers, semblable à celle des Hollandais pour les tulipes, ne s'arrêterait sans doute qu'au moment où le sol natal engraissé de sang, et arrosé des pleurs d'un peuple affamé, menacerait de ne plus produire que des plantes nuisibles. Mais sa capacité à poursuivre les aventures, est réglée par le subside d'argent qu'il peut se procurer pour l'exportation aux cabinets étrangers.

Il ne manque point d'hypothèses politiques pour former des plans d'action. Le télégraphe de sir Home Popham, ne peut faire plus de combinaisons que l'Europe ne peut en offrir à l'art spéculateur du géomètre politique, qui, sans égards pour les anciennes doctrines d'indépendance, de droits des nations, de traités, construit son système sur la base plus sûre des lieues carrées et des capitations.

_____

(1) Les souscriptions, les prêts, etc., les font monter cette année à près de douze millions.

Il est heureux, d'ailleurs, pour l'humanité, que les subsides forment un obstacle qui retienne ce parti. L'Angleterre ne peut s'engager dans aucune guerre de caprice : le premier coup de canon, en obligeant le mininistre des finances à emprunter d'un côté et à consolider de l'autre une dette flottante de soixante-quatre millions (sterling) de billets de l'échiquier, à vingt ou trente pour cent de perte, renverserait tout le système du crédit public. Et, comme aucun gouvernement ne peut prétendre borner la concussion à cette catastrophe ; comme aucun homme ne peut prévoir l'effet qu'un semblable évènement aurait sur tous les établissemens, et sur toutes les propriétés de la nation ; il faut que le temple de Janus reste fermé, malgré le désapointement de ceux qui font métier de prêter au gouvernement, et des chasseurs de gloire.

Une guerre défensive pour les droits de l'Angleterre, est une question totalement différente. La vie et la fortune ne seraient plus de vaines déclarations prononcées du bout des lèvres, si l'on attaquait, soit insidieusement, soit l'épée à la main, son indépendance, ou ce qui lui reste encore de ses libertés, et que la nation eût la permission de les défendre.

Tout Anglais, comme Rostopchin, quand il mit le feu aux rideaux de sa couche nuptiale, pour incendier un superbe palais, tout Anglais solliciterait le sacrifice de ce qu'il pourrait offrir sur l'autel de la patrie ; fût-il même convaincu, comme Rostopchin, que ce dévoûment ne serait utile qu'en servant d'exemple.

Il est incontestable qu'il a toujours été de l'intérêt de l'Angleterre, de se concilier la France, et de s'attirer la bienveillance du peuple de ce pays.

Quand la Russie devint une puissance grande et dominante, toute jalousie de l'ascendant de la France, eût dû sur le champ cesser. Car la France pouvait seule offrir un contre - poids suffisant (1). Mais on a ruiné ce pays, on a détruit ses ressources, on l'a accablé de contributions; enfin, on a cantonné sur sa frontière une armée de cent cinquante mille hommes.

Allier ainsi l'Angleterre au gouvernement, et déclarer la guerre à la nation, c'est ce qu'on ne peut justifier par aucune politique, aucun principe, aucun exemple.

Et en effet, sous le règne de Louis XIV, personne ne chercha à contrôler la volonté du peuple anglais. Le cardinal Mazarin, premier ministre, reconnut, non - seulement le gouvernement, mais rechercha même l'alliance de Cromwell. Quels qu'aient pu être ses motifs, le principe du droit des nations, de choisir la forme de leur gouvernement, fut sanctionné par sa conduite.

Quand Cromwell mourut, son successeur fut reconnu; quand les Stuarts furent rétablis, toutes les nations étrangères les reconnurent aussi comme souverains. Quand Jacques et sa dynastie furent dé-

_____

(1) *Voyez* les détails du *Morning - Chronicle* à la fin de l'ouvrage.

9

clarés déchus de la couronne pour l'avoir abandonnée en Angleterre, et s'en être rendus indignes en Écosse, Guillaume III n'eut avec la France aucune contestation sur la légitimité de ses droits. Il est vrai que es *prétendans* Jacques et son fils trouvèrent des secours en France ; mais ils n'avaient point pour but d'appuyer les prétentions de Jacques ; on voulait seulement affaiblir la puissance anglaise.

Que si les ministres seuls eussent pris part à une pareille action, il y aurait sujet de leur adresser des reproches, mais non de s'étonner.

Les ministres qui ont pu violer la foi donnée à Gênes, à Naples, à l'Italie ; qui ont pu consentir, si non aider, au renversement des Cortès ; qui ont pu détruire la république de Raguse, que les Turcs eux-mêmes avaient respectée depuis la fondation de leur empire européen (1) ; qui ont pu proposer le répartage de la Pologne, et sanctionner le démembrement de la Saxe, sous prétexte d'infliger un châtiment à un roi (2), pour avoir fait ce qu'avaient fait

---

(1) Voyez l'*appel* animé du comte de Bettera Wodopitch, noble ragusain, accompagné d'une protestation du sénat, contre l'acte qui anéantit l'indépendance de cette république. Et pour un exposé fidèle et très-éloquent de l'état de l'Europe, voyez le mémorable discours de Henry Brougham au parlement, le 13 mars 1817. (Journaux anglais du 14 mars ; Moniteur du 25 mars.)

(2) Les circonstances ont rendu la lettre que voici une pièce officielle : la publication a pu violer la délicatesse féminine ;

eux-mêmes les souverains qui partageaient son
royaume; qui ont pu affamer la Norwège, et se

---

mais un pareil exemple d'affection et de fidélité conjugale est
trop honorable pour une femme, et trop avantageux par ses
effets heureux sur la société, pour qu'on ne cherche pas à lui
donner encore plus de publicité. Aucunes phrases, aucunes
paroles ne peuvent mieux que cette lettre exprimer combien
le système suivi par les alliés a été cruel pour quelques individus.

Traduction littérale d'une lettre écrite, après la bataille de
Waterloo, par la reine de Westphalie, à son père, le
roi de Wirtemberg.

« SIRE, MON PÈRE,

« Votre Majesté m'a priée ce matin de descendre dans son
appartement. Pour la première fois de ma vie, j'ai refusé le
bonheur de vous voir. Je connais le motif de cette entrevue,
et craignant que mon esprit ne soit point suffisamment rassis,
j'ai osé prendre la liberté de développer les motifs de ma
conduite, et de faire un appel à votre affection paternelle.

« Votre Majesté connaît toute la vérité. Oui, Sire, le prince
Jérôme, votre gendre, mon époux et le père de mon enfant, est avec moi. Oui, Sire, j'ai quitté un instant le palais
de mon roi pour secourir l'époux auquel ma vie est attachée.
Mes pensées l'ont accompagné dans la guerre, mes soins l'ont
conservé dans un long et pénible voyage pendant lequel son
existence a souvent été menacée. Mes bras l'ont embrassé
dans son malheur avec plus de tendresse qu'au temps même
de notre prospérité!

« Le prince Jérôme n'est point l'époux de mon choix. Je
l'ai reçu de votre main, lorsque sa maison régnait sur de

rendre coupables d'autres outrages énormes contre
la bonne foi, le bon sens et la liberté de leur propre

---

grands royaumes, lorsque sa tête portait une couronne. Bientôt les sentimens de mon cœur ont chéri et confirmé les
nœuds que votre politique avait commandés.

« Le mariage et la nature imposent des devoirs qui ne sont
point soumis aux vicissitudes de la fortune; je connais l'étendue de ces obligations, et je sais aussi comment les remplir. J'étais reine, je suis encore épouse et mère! Le changement de la politique des princes, en renversant l'empire
français, a aussi détruit le trône sur lequel votre bonté, et
le prince mon époux, m'avaient placée. Nous avons obéi à la
force des circonstances. L'auguste Marie-Louise m'a donné
un grand exemple de résignation; mais nos situations ne
sont point semblables. Les intérêts publics peuvent souvent
commander des sacrifices permanens.

« Quoique le hasard nous ait élevés au-dessus de la masse
du genre humain, nous sommes beaucoup plus à plaindre.
Une volonté variable dirige notre destinée; mais ici son pouvoir cesse; il est vain contre les obligations que la Providence
nous impose.

« L'époux que Dieu et vous m'avez donné, l'enfant que
j'ai porté dans mon sein, comprennent toute mon existence.
J'ai partagé un trône avec cet époux; je partagerai avec lui
l'exil et l'infortune; la violence seule pourra me séparer de
lui. Mais, ô mon roi! ô mon père! je connais votre cœur,
votre justice et l'excellence de vos principes : je sais ce que,
dans tous les temps, ces principes ont été, relativement aux
devoirs domestiques que doivent respecter les princes de
votre maison.

« Je ne demande point à Votre Majesté, par affection pour
moi, de faire aucun changement dans ce système de conduite

pays, aussi bien que de tous les autres ; tout contri-
buait à faire supposer de tels ministres capables d'une
pareille action. Mais qu'un parlement anglais, quelque soumis que ce parlement soit depuis longues
années à l'influence ministérielle, ait consenti à
sanctionner cette mesure ; voilà un symptôme ef-
frayant de la décadence du patriotisme, et de l'ex-
traction des principes constitutionnels (1).

qui a été adopté en conformité avec les résolutions des plus
puissans princes de l'Europe ; mais je me jette à vos pieds
pour implorer la permission de rester auprès de vous avec
mon époux ; mais, ô mon père, s'il n'en peut pas être ainsi,
rendez-nous au moins votre faveur, avant que nous partions
pour un pays éloigné. Ce ne sera qu'après avoir reçu quelque
preuve de votre amour paternel, que je me sentirai assez de
force pour paraître devant vous. Si nous sommes obligés de
partir ce soir, faites que ce soit avec l'assurance de votre affection et de votre protection dans un temps plus heureux.
Nos malheurs doivent avoir une fin ; la politique ne com-
mandera pas toujours envers nous tant d'humiliations ; plusieurs membres de cette famille sont alliés aux maisons les
plus anciennes et les plus illustres de l'Europe. Leur sang
n'est-il pas mêlé au vôtre ? Pardonnez-moi, mon père et mon
souverain, de m'être exprimée ainsi ; mais ayez la bonté de
me faire connaître, par un seul mot, que cette lettre n'a
point été reçue avec déplaisir. »

(1) Un illustre étranger disait que les négociateurs anglais n'avaient jamais fait d'objection contre la mesure elle-
même ; mais que comme le parlement était difficile sur les
mots, les grammairiens diplomates avaient été obligés de donner aux expressions de ce traité une attention plus qu'ordinaire.
La protestation de lord Holland évitera à lui et à ses amis,

Au reste, à Vienne, le 12 mai 1815, les ministres des puissances alliées rédigèrent une proclamation qu'ils publièrent en Europe, déclarant que « les gou- « vernemens qu'ils représentaient connaissaient trop « bien les principes qui devaient les guider dans « leurs relations avec une contrée indépendante, pour « chercher (comme on les en a accusés) à lui im- « poser des lois, à se mêler de ses affaires inté- « rieures, à lui prescrire une forme de gouvernement, « ou à lui donner des gouvernans selon les intérêts « et les passions de ses voisins. »

Lord Clancarty, en communiquant cet acte, fit, dans sa dépêche officielle, les observations suivantes : « Dans cette guerre, les souverains ne se proposent « point de toucher à aucun des droits légaux du « peuple français. Ils n'ont aucunement l'intention « de s'opposer à l'exercice du droit que cette nation « a de choisir la forme de gouvernement qu'elle juge « convenable, ni d'empiéter d'aucune manière sur « l'indépendance d'un peuple grand et libre. »

L'Autriche suivit l'opinion de l'Angleterre ; et, dans une note datée de Vienne, le 4 mai 1815, elle proclama que « l'empereur, quoiqu'irrévocablement « résolu à diriger tous ses efforts contre l'usurpation « de Buonaparte (ainsi qu'il a été exprimé dans le « troisième article du traité du 25 mars), était néan-

---

l'opprobre comme législateurs ; mais rien ne peut rétablir l'honneur de la nation.

« moins convaincu que les intérêts de ses sujets et
« ses propres principes ne lui permettaient pas de
« continuer la guerre pour imposer à la France un
« gouvernement quelconque. »

Enfin voici ce qu'on trouve dans l'ouvrage de Macironi, pages 44 et 50 :

« Les souverains alliés, en considération du haut
« intérêt qui les engage à donner plus de force à
« l'autorité du souverain légitime, ont promis à
« Sa Majesté Très-Chrétienne de l'appuyer de leurs
« armes contre toute convulsion révolutionnaire ten-
« dante à renverser, par la violence, l'état de choses
« actuellement établi, et menaçant ainsi de nouveau
« la tranquillité de l'Europe.

« Mais, n'oubliant point qu'attendu la variété des
« formes sous lesquelles l'esprit révolutionnaire peut
« encore se manifester en France, il pourrait exister
« des doutes sur la nature des cas qui exigeraient
« l'intervention d'une force étrangère; et sentant la
« difficulté de donner des instructions précises ap-
« plicables à chaque cas particulier, les souverains
« alliés ont jugé plus expédient de s'en reposer sur
« la prudence et la discrétion bien connue du duc
« de Wellington, pour la fixation du moment et du
« mode convenables s'il fallait employer les troupes
« sous ses ordres; bien persuadés qu'en aucune oc-
« casion il n'agira sans s'être préalablement concerté
« avec S. M. le Roi de France, et qu'il informera
« le plus tôt possible les souverains alliés des motifs

« qui l'auraient engagé à prendre ses détermina-
« tions. »

L'Angleterre a déjà perdu l'hommage du monde ;
on ne la regarde plus comme « l'amie de l'opprimé ; »
ses promesses sont devenues l'objet des plaisante-
ries, sa foi est passée en proverbe ; elle s'est aliéné
même ceux qu'elle a aidés dans leurs usurpations ;
enfin, par-tout où sa cause avait trouvé des milliers
de défenseurs volontaires, elle n'a plus aujourd'hui
un seul apologiste.

Il n'y a pas un Anglais sur le continent qui n'ait
été l'objet de quelques marques de mépris, souvent
d'insultes, sinon d'imprécations.

L'Angleterre, par son argent, a mis l'Europe en
état de se réunir et de marcher contre la France.
On avoue ses secours, mais c'est sans témoigner
de la reconnaissance. Il n'en serait point ainsi si
l'on eût cru son assistance désintéressée ; car, comme
l'a dit avec raison Tacite : *Beneficia eò usque lœta
sunt dùm videntur exsolvi posse, at ubi multùm
antevenere, pro gratiâ odium redditur*, mais, au
contraire, on suppose que ses bienfaits ont eu leur
source dans son propre intérêt ; et qu'ainsi, elle n'a
aucun titre à la reconnaissance de l'Europe. Diverses
puissances sentent aussi que l'Angleterre s'attache
à faire naître la rivalité entre les gouvernemens, non
pour conserver ce qu'elle appelle la *balance de l'Europe*, mais pour exercer un contrôle sur la politique
du continent, et continuer à leur refuser la part

des avantages maritimes qu'ils réclament comme leur étant due.

De là, cette jalousie de tout ce qui peut rendre à l'Angleterre sa prospérité, puisque cette prospérité ne ferait que lui donner les moyens de fortifier les obstacles dont nous venons de parler; de là, le désir d'enlever à l'Angleterre les sources présumées de son opulence; de là, le plaisir que fait naître l'accroissement de la puissance navale des Etats-Unis (il faut encore des années avant que les Etats-Unis soit en état d'exécuter ce qu'un de leurs présidens prétendait un jour qu'ils feraient : « Les Etats-Unis, « disait-il, tireront avec leurs flottes une ligne de « démarcation, au-delà de laquelle aucun navire eu- « ropéen ne se montrera sans passe-port. » Mais il est bien connu que chaque vaisseau de ligne, construit par les Etats-Unis, exige en temps de guerre, de la part de l'Angleterre, pour que l'équilibre subsiste, une dépense égale à l'entretien de trois vaisseaux de ligne; et que, comme la marine américaine augmente, les Antilles anglaises exigeront des garnisons plus fortes, et les communications avec les Indes deviendront plus précaires); et de là peut-être encore, ces négociations qui viennent de se faire dans la Méditerranée sur le tillac du Washington, ainsi que la préférence montrée dernièrement au pavillon des Etats-Unis dans la Baltique. L'envie n'est point aveugle, et la vengeance ne dort jamais.

La publication de ces vérités offensera peut-être;

mais le silence aurait nui. Il est pénible de les entendre, mais il sera d'une grande utilité de les connaître. Il faut donc que le philosophe dise à son
maître en colère : *Frappe, mais écoute!*

Si l'Angleterre ne se trompe point elle-même,
elle peut encore éviter le naufrage; mais si elle espère se sauver par ses liaisons avec la France, dans
la situation actuelle où se trouve ce pays, et par
des opérations continentales qui l'entraînent dans
une guerre avec la Russie, que la prudence pourrait éviter sans diminuer sa puissance et sans nuire
à ses intérêts, on entendra bientôt ses canons de
détresse de toutes ses possessions dans toutes les
parties du globe.

L'Angleterre est une île, et il faut qu'elle se sou-
vienne qu'elle est une île; qu'elle périt, si elle n'a-
dopte point une politique insulaire et un système
vraiment anglais. Il faut qu'elle retire ses troupes
du continent; qu'elle s'occupe de sa puissance navale, et qu'elle négocie le trident à la main. En outre,
il faut qu'elle économise ses dépenses, jusqu'à ce
qu'elle puisse appliquer au rachat de sa dette un
fonds d'amortissement réel et non imaginaire; et,
avant tout, il faut qu'elle rétablisse son peuple dans
la jouissance de cette liberté, la source de sa première prospérité, et l'ame de son énergie et de sa
grandeur.

Aucune politique hostile ne pourrait alors mettre
son salut en danger, tandis que le respect général

lui rendrait la paix avec le genre humain. Ses se-
crétaires-d'état ne seraient plus les geôliers arbitraires
de ses citoyens, et l'on ne verrait plus la mer couverte d'une population qui émigre pour fuir la per-
sécution et la famine.

Que son gouvernement soit le gardien vigilant
des lois; mais qu'il n'encourage point cette troupe
pernicieuse, le fléau, la peste de la société, qui, en
ce moment, est lâchée, avec l'espoir du salaire
de l'iniquité, pour harceler et détruire ses conci-
toyens.

Il est avantageux, pour leur propre intérêt, à
ceux qui conduisent les conseils de l'Etat, de s'attirer l'affection et la confiance du peuple, en aban-
donnant ce système qui leur a ôté son attachement,
et a privé leur autorité du respect. Le genre humain
n'est plus dans une ignorance servile, et les gouvernemens qui ont encouragé l'instruction doivent ac-
compagner leur bienfait d'une attention libérale aux
droits de la communauté. Après avoir fait tant de
sacrifices pendant la guerre, le peuple peut avec
justice réclamer la jouissance de ses priviléges pendant la paix; et le plus grand de tous ses priviléges,
c'est la liberté, car c'est-là la paix elle-même : *Pax*
est tranquilla libertas; servitus malorum omnium
postremum, non modò bello sed morte etiam repel-
lendum.

~~~~~~

MEMORANDUM GÉOGRAPHIQUE.

Avant les traités de Vienne, de Bucharest et de
Téflis, la Russie était composée de cinquante-sept
gouvernemens, et occupait un espace de neuf cent
vingt mille lieues carrées, formant la neuvième
partie de la Terre-Ferme et la vingt-huitième de tout
le globe (1). L'Empire romain, dans le temps de sa
plus grande puissance, n'égala jamais en étendue la
Russie d'Europe, et la Russie d'Europe n'est que le
tiers de tout l'Empire russe.

La population est concentrée dans la Russie d'Europe; car, des quarante-deux millions d'habitans que
l'on compte en Russie, il n'y en a pas plus de cinq
millions en Asie; et les sept gouvernemens qui en-
tourent celui de Moscou, contenant lui-même un
million cent trente-neuf mille âmes, renferment,
selon le calcul de Le Sage, qui est beaucoup au-
dessous de la réalité, plus de six millions d'habitans.
Il faut aussi remarquer que la distance la plus grande
de toutes les parties de ces sept gouvernemens à la
ville de Moscou, n'est que de trois cent milles, et

_____

(1) Les établissemens de l'Amérique ne sont point comptés.

la distance des frontières environ deux cent cinquante milles.

Dans l'année 1799, Tooke calculait, d'après les
Tables grecques, que la Russie contenait quarante
millions d'âmes; Storck, à la fin du dix-huitième
siècle, en élevait la population à trente-six millions;
Sablouski, dans sa Géographie de la Russie, la porte
à quarante et un millions, et, dans sa statistique,
à quarante-quatre; l'Almanach de Saint-Pétersbourg,
pour l'année 1808, la fait monter à quarante-deux
millions. Depuis cette époque, Alexandre a réuni à
l'Empire cent quatre-vingt-treize mille huit cents
milles géographiques carrés, qui comprennent le
duché de Varsovie, la Finlande, la Géorgie, etc.
Ainsi donc, l'estimation faite de quarante-deux
millions de population actuelle, est probablement
trop faible de plusieurs millions. Malthus admet que
la tendance à l'accroissement est fort grande, sur-
tout en Sibérie; et l'augmentation du prix du grain
prouve que sa supposition est fondée sur la vérité.

Dans un ouvrage de C. T. Herman, extrait des
Mémoires de l'Académie de Saint-Pétersbourg,
publié en 1811, on trouve de grands détails sur la
population de la Russie. L'auteur avait pu consul-
ter tous les rapports officiels, et le gouvernement
s'était occupé, depuis long-temps, à obtenir des
Tables de recensement exactes.

Il dit que, sur plusieurs listes de taxes, on trouvait les nombres de paysans suivans, et ces nombres

sont probablement au-dessous du montant véritable :

En 1796......... 15,718,088 hommes.
    1800......... 15,707,781
    1801......... 15,747,579
    1802......... 15,895,608
    1803......... 15,824,287
    1804......... 15,806,778

Mais la somme totale des énumérations de l'année
1804, s'élevait à quarante et un millions deux cent
cinquante-trois mille quatre cent quatre-vingt-huit
habitans ; somme qui implique une augmentation
de population de un million deux cent cinquante
mille âmes, pendant dix ans, en calculant que le
quart seulement des individus qui composent l'excès
des naissances sur les morts (montant annuellement
à cinq cent mille) atteigne sa dix-huitième ou
vingtième année.

Le même auteur dit aussi que, « d'après ces données, les progrès de la population en Russie, pro-
duits en partie par les améliorations intérieures, en
partie par les nouvelles acquisitions, ont été tels
qu'il suit :

En 1722......... 14 millions.
    1742......... 16 millions après 20 ans.
    1762......... 19   après 20 ans.
    1782......... 28   après 20 ans.
    1796......... 36   après 14 ans.
    1806......... 41   après 10 ans.

« De ces quarante et un millions, treize ont été acquis dans la petite Russie, dans les provinces suédoises, polonaises et turques.

« La population indigène de la Russie a par conséquent été plus que doublée pendant le siècle dernier; tandis que Smith suppose que la population dans les pays civilisés ne double qu'après cinq cents ans.

« La population de la Russie a doublé en conséquence d'une meilleure administration; des économies que le gouvernement a procurées à la nation; des capitaux que les étrangers ont placés dans ce pays, et qui pendant long-temps ont été l'âme du commerce dans l'intérieur. Elle a doublé à cause des progrès de l'industrie nationale, qui eux-mêmes sont les résultats de l'accroissement des connaissances; à cause des nouvelles liaisons commerciales avec les autres nations de l'Europe; à cause des moyens d'instruction fournis par le gouvernement aux habitans de la Russie; et enfin, elle a doublé par suite de la destruction de plusieurs obstacles qui s'opposaient aux progrès de l'industrie, comme l'abolition des douanes dans l'intérieur, sous les règnes d'Élisabeth et de Catherine, l'amélioration des routes, et la multiplication des canaux ».

Il ajoute encore qu'il présume que la population de la Russie restera long-temps entre quarante-un et quarantre-trois millions; mais, continue-t-il: « Des circonstances imprévues, (à l'exception des conquêtes), peuvent donner au midi de la Russie une population considérable ; par exemple, le commerce étonnant des grains à Odessa, de 1800 à 1805, (et qui s'est beaucoup augmenté dernièrement), avait beaucoup élevé la valeur de toutes les terres jusqu'à Kiow, et même les steppes fertiles étaient cultivées. On manquait d'ouvriers, et l'on offrait la moitié du produit d'un champ à ceux qui voudraient moissonner l'autre moitié. Le commerce de Taganrock donne aussi de grands motifs d'espérances ; et l'agriculture paraît faire des progrès parmi les nomades. »

L'auteur termine par cette observation : « Un pays n'est pas assez peuplé quand la demande d'ouvriers, et les moyens de les entretenir, sont excessifs, comme dans quelques parties du midi de la Russie. Un pays souffre de sa population, lorsque des milliers de riches sont obligés d'entretenir des millions de pauvres. Une pareille population est un abus ; elle ne peut que périr, ou abandonner le pays, ou produire des révolutions ».

Revenu.

Il est difficile de fixer le revenu de la Russie ; mais depuis quelques années, ses exportations de grain, de farine, de lin, de suif et de cuirs, de fourures, de peaux, de fer, de cuivre, de sel, etc., s'élèvent à cinq et six millions sterling. On a supposé le revenu général de douze millions sterling par an ; si l'on considère la différence de la valeur de l'argent en Angleterre et en Russie , ce revenu est plus que suffisant pour tous les besoins de l'État, quand la dette sera payée, et on s'occupe en ce moment à la liquider.

Ce revenu est très - solide, parce qu'il n'est pas, comme en Angleterre, et autres pays, le produit d'impositions excessives (1).

Le papier rouble n'est point encore au pair; mais telle a été la confiance des Russes à Moscou, quand l'ennemi s'était emparé de cette capitale, que l'escompte n'y fut pas plus grand qu'à Saint-Pétersbourg, que la vue de l'or ne faisait pas la moindre impression sur le vendeur, et ne pouvait faire réduire le prix demandé.

Le cuivre est la monnaie principale. Mais les pièces de cuivre nommées *copecks*, sont d'une grande dimension et d'un grand poids, quoiqu'il en faille quarante pour un shilling. Il y a aussi en circulation une grande quantité de ducats que l'on peut se procurer pour du papier, en telle quantité qu'on veut.

_____

(1) Dans l'ukase, daté de Saint-Pétersbourg, le 10 avril 1817, Alexandre, en publiant les nouveaux règlemens pour la dette publique, se sert de ces termes remarquables, qui doivent exciter l'envie et la surprise de tous les autres États de l'Europe : « Après une guerre aussi fatale dans son origine que glorieuse dans ses résultats, avec l'aide du Tout-Puissant (et les subsides de l'Angleterre), nous sommes arrivés à la paix, sans avoir, en aucune manière, augmenté les impôts, et sans avoir porté atteinte au crédit public. »

PIÈCES

EXTRAITES DES JOURNAUX ANGLAIS.

Il a paru, dans le *Morning - Chronicle* du 19 septembre, c'est-à-dire peu de jours après la publication de l'ouvrage de sir R. Wilson, une conversation de Buonaparte sur la situation de l'Europe. On en donne ici la traduction. Le *Courrier* du même jour a prétendu que c'était une pièce fabriquée, et qu'il ignorait quelles étaient les personnes qui avaient dernièrement touché à Sainte-Hélène ; et le *Times* a ajouté que la conversation de Buonaparte, selon toute présomption, avait été faite par l'auteur du pamphlet sur la Russie.

Le *Morning - Chronicle*, dans son numéro du 23 septembre, a repoussé ces deux assertions. Voici comment il s'exprime à ce sujet : « Nous avons reçu cette pièce d'un endroit bien différent. Quand nous l'avons donnée au public, nous étions parfaitement convaincus, par la connaissance de la source d'où nous l'avons tirée, qu'on pouvait avoir la plus grande confiance dans l'exactitude de la rédaction. Et vraiment, la conduite du *Courrier* le prouve ; il attaque quelques-unes des observations ; mais, quoique nous l'en ayons défié positivement, il ne se hasarde

pas à dire que notre *Memorandum* n'est point exact.
Nous avons déjà dit qu'un rapport sur cette conversation a été remis aux ministres de S. M., contenant, outre les observations de Buonaparte, les
réponses qui furent faites à ces observations, et
celles qui purent les faire naître. Nous souhaiterions
que ceux dont le *Courrier* reçoit ses instructions,
eussent jugé convenable de lui permettre de soumettre au public un récit complet et exact de la
conversation toute entière, afin que ceux qui n'ont
pu connaître que les accusations avancées par Buonaparte contre le ministère anglais, eussent eu la
satisfaction de voir comment la conduite de ce ministère, et l'honneur de la nation, ont été défendus
en cette occasion.... Nous sommons en conséquence
le *Courrier* de publier la conversation toute entière,
ou de reconnaître que ce que nous avons donné des
observations faites par Buonaparte était exact. Nous
pouvons assurer le *Courrier* que si nous avions eu en
notre possession les réponses des gentlemen anglais,
l'honneur de notre patrie nous eût empêché d'attendre un seul instant pour les soumettre au public.

« Le vaisseau qui a apporté en Angleterre le récit
de cette conversation est le *César*, qui a ramené de
la Chine lord Amherst et sa suite. »

On sait que lord Amherst, et plusieurs des personnes qui l'accompagnaient, ont eu une entrevue
avec Buonaparte. Selon le *Morning-Chronicle*, le
Memorandum que l'on donne ici, serait extrait de

cette conversation, bien loin d'avoir été rédigé par
sir R. Wilson. On ne prétend point décider cette
question. Ces discussions des feuilles anglaises, et
la nature de cette pièce, ont engagé à la publier,
ainsi que plusieurs autres, à la suite de l'ouvrage de
sir Robert, auxquelles elles se rattachent assez naturellement.

Extrait du Morning - Chronicle du 19 septembre 1817.

On nous transmet de Sainte-Hélène un *Memorandum* d'observations faites par Buonaparte dans
une conversation avec quelques gentlemen qui se
trouvaient dernièrement dans cette île. On nous a
donné les assurances les plus positives de l'exactitude
de cette narration d'une partie de la conversation
(car nous ne l'avons pas toute entière); et elle est
digne de l'attention particulière du public. S'il arrivait que quelques passages fussent le moins du monde
inexacts, nous nous empresserions de les noter et de
les corriger.

Memorandum *d'observations faites par Buonaparte, dans une conversation avec quelques gentlemen qui ont touché à Sainte-Hélène, en se
rendant en Angleterre.*

« Après les saluts d'usage, Buonaparte parla de la
mission de Gardanne, observant qu'il avait ainsi

montré la route de Constantinople en Perse (1); il
dit ensuite rapidement quelques mots sur l'Inde,
et demanda ce que les Russes faisaient sur leur
frontière d'Asie. Sans faire attention aux réponses,
il se mit à parler de la puissance des divers souverains, et de leurs projets. Les Russes, dit-il, sont
le peuple le plus redoutable de l'Europe; la France
et l'Angleterre ne jouissent pas des mêmes avantages
militaires, quoique leurs troupes aient plus de force
morale que celles d'aucune autre nation. Un Français, en devenant soldat, quitte un meilleur pays
qu'aucun de ceux où son service peut le conduire;
et l'Anglais, en général, se trouve plus mal ailleurs
que chez lui; de sorte que le rebut de la population
est presque seul disposé à s'enrôler. Le Russe, au
contraire, cesse d'être un misérable esclave, et devient réellement libre dès qu'il quitte la Russie; son
état s'améliore; il jouit de douceurs qu'il n'aurait
jamais rencontrées dans sa patrie. Ainsi donc,
Alexandre pourrait lever des armées aussi nombreuses qu'il lui plairait, pour servir hors de ses
possessions; et s'il organisait bien la Pologne, il
s'assurerait l'empire de l'Europe.

« Le but d'Alexandre a toujours été la prise de
Constantinople. Je n'ignorais pas que l'Autriche
n'eût été que trop disposée à favoriser ses vues;

---

(1) *Voyez*, page 164, l'extrait du *Morning-Chronicle*
du 25 septembre.

pourvu qu'on lui eût garanti la possession des provinces contiguës à la frontière de la Turquie ; de sorte que la Turquie n'aurait eu que la France et l'Angleterre pour défenseurs. Je déclarai donc franchement à Alexandre, que moi, Buonaparte, je ne souffrirais jamais que la croix grecque fût placée sur la couronne des czars.

« En parlant des ressources que possédait la Russie, il ajouta : les Cosaques sont formidables, moins en raison de leur nombre, qu'à cause de la patience singulière avec laquelle ils endurent les privations de toute espèce dans des pays inconnus ; ils sont doués, comme les Arabes-Bédouins, d'une vue extraordinaire. Et il raconta à cette occasion, qu'étant en Egypte, et se servant de sa lunette pour observer un corps de troupes qui paraissait à l'horizon, un bédouin, qui était à ses côtés, reconnut, sans autre secours que celui de ses yeux, un de ses compatriotes, dont il désigna l'habillement, et indiqua la tribu.

« La conversation s'engagea ensuite sur l'Angleterre. L'Angleterre, dit-il, ne pourra jamais devenir une puissance continentale : une armée de quarante-cinq mille hommes, quelle que soit la bravoure de la nation, ne pourra jamais lui assurer l'ascendant sur le continent. Un bon système maritime et commercial convient seul à sa situation, et seul peut la préserver de la ruine dont elle est menacée. Lord Wellesley a eu raison de dire que sa détresse était permanente. Lord Castlereagh a fait sa cour aux souverains, et il a négligé les intérêts de l'Angleterre. L'Angleterre ressemble au chien de la fable, qui, voyant son ombre dans l'eau, laisse tomber la viande qu'il tenait entre ses dents. S'il y eût eu un ministre habile dans le cabinet britannique, lorsque les affaires de l'Europe ont été arrangées, les conditions de la paix auraient été bien différentes de celles auxquelles elle a été conclue. La plus grande extension possible de commerce, et une renonciation totale à une ambition sur le continent, peuvent seules dégager l'Angleterre des difficultés où elle se trouve. Elle aurait dû exiger du roi de Portugal, pour prix de son trône en Europe, le privilége du commerce exclusif avec le Brésil pendant cinq ans.

« Il fut un temps où les ministres anglais traitaient de la paix comme des marchands ; alors ils remplissaient la caisse nationale ; les ministres actuels ont voulu faire les seigneurs, et ils se sont ruinés. En 1783, l'Angleterre menaça de recommencer la guerre, à moins que la France n'acquiesçât à un traité de commerce qui la ruina bientôt. Les ministres français, n'ayant pas d'argent, furent obligés d'accéder à cette demande, quoiqu'ils en prévissent les conséquences.

« L'Angleterre, continua-t-il, en renonçant aux avantages de sa puissance navale, a agi comme François Ier. à Pavie. Après avoir placé une batterie de quarante-cinq pièces d'artillerie, qui aurait assuré la victoire, il se posta avec sa gendarmerie entre la ligne ennemie et ses canons, puis, tirant son superbe grand sabre, il perdit bravement la bataille. Le blocus par mer ressemble à l'action d'un homme qui se frotte le corps d'huile pour arrêter la transpiration, et qui, faute de transpirer, éprouve une éruption (comme j'en ai une en ce moment au visage); si l'Angleterre savait tirer parti de sa supériorité maritime, elle pourrait envoyer des ambassadeurs porter ses ordres aux cours étrangères, au lieu d'être insultée, comme elle l'est par les décrets de prohibition dans tous les petits États. Non, non, je le répète; avec quarante-cinq mille hommes l'Angleterre ne peut devenir une puissance continentale. Cette tentative, d'ailleurs, serait funeste à la constitution libre dont les Anglais se glorifient à si juste titre, et qui en effet a été la source de leur puissance. Quel a été le résultat de ses efforts militaires? Elle s'est emparée de ma personne, et a montré qu'elle manquait de générosité; elle a troublé l'ordre de la légitimité des trônes, puisque j'étais le *souverain légitime* de la France; je désire la paix universelle, car c'est mon véritable intérêt, et le seul moyen de me délivrer du rocher sur lequel je suis confiné.

« Il commença ensuite une longue tirade personnelle contre le gouverneur sir Hudson Lowe, sur la manière dont il était traité, et sur les nombreux mensonges qu'on avait répandus touchant sa conduite. Il dit que l'ouvrage de M. Warden était faux dans presque tous les détails, et il s'exprima en termes sévères sur le discours de lord Bathurst (*voyez* pour quelques détails sur ce discours, l'extrait ci-joint du *Courrier*, page 153, ou pour la pièce elle-même les journaux anglais du 19 mars 1817). Il conclut en disant : « l'Angleterre est une singulière puissance ; elle a tout acheté, et elle est ruinée. »

Traduction de l'extrait du journal officiel de l'ambassade de Chine, qui a paru dans les feuilles anglaises de 1817.

(M. Ellis, troisième commissaire de l'ambassade, dans le journal officiel qu'il a publié, parle ainsi qu'il suit de l'entrevue que lord Amherst, les autres membres de l'ambassade et lui-même ont eue avec Buonaparte. Il a paru curieux de rapprocher cette narration de l'extrait du *Morning-Chronicle* sur le même objet.)

« On nous avait tant parlé au cap de Bonne-Espérance des variations d'humeur auxquelles Buonaparte était sujet, que nous avions peu d'espoir d'être admis en sa présence. Heureusement pour nous, l'ex-empereur était de bonne humeur, et l'entrevue a eu lieu aujourd'hui.

« Lord Amherst a été particulièrement présenté à Buonaparte par le général Bertrand, et il est resté seul avec lui pendant plus d'une heure ; j'ai été appelé ensuite et présenté par lord Amherst. Buo-

naparte s'est mis à discourir pendant environ une
demi-heure. Au bout de ce temps, le capitaine
Maxwell et les gentlemen de l'ambassade ont été
introduits et présentés. Il a fait a chacun des ques-
tions relatives à la place qu'il occupait, et nous
nous sommes tous accordés à dire que ses manières
étaient simples et affables, sans manquer de di-
gnité. J'ai été sur-tout frappé de la franche aisance
de son air et de sa tenue; il n'aurait pas pu être
plus exempt de gêne et de timidité au comble de sa
puissance aux Tuileries.

« Buonaparte déclamait plutôt qu'il ne conver-
sait; et pendant la demi-heure que lord Amherst et
moi avons passée avec lui, il a paru avoir seulement
à cœur d'exprimer ses sentimens, de manière à les
graver dans la mémoire de ses auditeurs, peut-être
afin qu'ils pussent les redire. Sa manière de parler est
fort épigrammatique, et il s'exprime avec la ferme
confiance d'un homme accoutumé à produire la
conviction. Le ton dont il discute de grandes ques-
tions politiques, serait pris pour de la charlatanerie
dans un autre; mais chez lui ce n'est qu'un développement du système qu'il a adopté en général.
Malgré toute l'attention qu'on croirait qu'il a donnée à la nature de notre gouvernement, la connaissance qu'il en a, est certainement très-imparfaite.
Toutes ses observations sur la politique de l'Angleterre, eu égard, soit au passé, soit à l'avenir, ten-
daient à un despotisme; et il ne peut ou il ne veut

pas prendre en considération la différence qui ré-
sulte « de ce que le monarque est subordonné non
seulement aux intérêts, mais à l'opinion de son
peuple. »

« Il a fait un ample usage de métaphores et de
comparaisons; son élocution était rapide, mais claire
et nerveuse, et son ton et son langage ont également
surpassé mon attente. Le caractère de son visage est
plus intelligent qu'impérieux; le principal trait re-
marquable est la bouche, la lèvre supérieure variant
avec la diversité et la succession de ses idées. Quant
à sa personne, Buonaparte est si loin d'être corpu-
lent, comme on l'a dit, que je crois qu'il n'a jamais
été plus en état qu'à présent de supporter les fatigues
d'une campagne. Je dirai qu'il est petit et muscu-
leux, sans être plus disposé à la corpulence que les
hommes ne le sont souvent à son âge.

« Les plaintes de Buonaparte, relativement à sa
situation à Sainte-Hélène, n'auraient pas, je crois,
excité beaucoup d'attention, si l'on n'en avait pas
fait un sujet de discussion dans la chambre des lords.
En opposition aux principes les plus manifestes de
la raison et de la loi, il a nié que nous eussions le
droit de le regarder comme notre prisonnier de
guerre; on ne devait donc point s'attendre à ce qu'aucun traitement lui fût agréable, du moment où,
dans ce mode de traitement, on le considérait comme
prisonnier. D'un autre côté, admettant qu'il est prisonnier, il est difficile d'imaginer sur quel fondement

il peut se plaindre des restrictions limitées qui lui sont imposées à Sainte-Hélène.

« Ses plaintes sur l'insuffisance des provisions et des vins (car je regarde Montholon comme l'organe de Buonaparte) sont trop absurdes pour mériter aucune attention, et il est impossible de ne pas regretter que la colère, vraie ou fausse, ait porté un tel homme à soutenir des faussetés aussi minutieuses. Je dois avouer que les rapports positifs qui avaient été faits relativement à l'entretien et aux mauvais traitemens qu'il recevait à Longwood, m'avaient pareillement inspiré des préventions; mais elles ont été dissipées par ce que j'ai vu moi-même. La maison de Longwood, considérée comme une *résidence de souverain*, est certainement petite, et peut-être insuffisante (1); mais, envisagée comme la demeure d'une personne de haut rang, qui veut vivre sans éclat, elle est commode et respectable. On peut trouver de plus beaux sites dans l'île, et *Plantation-House* est à tous égards une résidence supérieure; mais elle est destinée à la réception de nombreux convives, et réservée pour la pompe extérieure qui convient à l'emploi de gouverneur.

« Les deux autres objets qui, dans la situation de Buonaparte, méritent attention, sont les restrictions qui affectent sa liberté personnelle, et celles qui con-

---

(1) Pour un homme sur-tout, qui se trouvait à l'étroit au milieu du monde.

cernent ses communications avec les habitans de
l'île ou les étrangers. Quant aux premières, Buona-
parté pose en principe que son évasion est impossible tant qu'il sera observé par les forts et par des
vaisseaux de guerre, et qu'en conséquence sa liberté
dans l'enceinte de l'île ne devrait pas être entravée.
La vérité du principe est évidemment récusable, et
la conséquence est réfutée par le fait qu'il est prisonnier, et que sa détention est assez importante pour
justifier les précautions les plus rigoureuses.

« Sa propre induction est néanmoins admise, au
point qu'il lui est permis d'aller dans toutes les parties
de l'île, pourvu qu'il soit accompagné d'un officier
anglais ; pour tout objet licite, cette permission suffit,
et on n'a aucune intention de la rendre nulle par
une intervention impropre de la part de l'officier de
service. Pour sa santé et son amusement, il a un
espace de quatre milles, où il peut se promener sans
être accompagné et sans être observé : un autre espace de huit milles, où il n'est vu que par des sentinelles ; et un circuit plus grand encore de douze
milles, où il est observé de plus près par elles. Dans
ces deux derniers espaces, et il n'est point accompagné d'un officier. A la vérité, le soir les sentinelles
cernent de près sa maison. J'ai peine à concevoir
que, si l'on recherche la sécurité, on pût accorder
plus de liberté personnelle à un individu, en sup-
posant qu'il fût soumis à des restrictions quel-
conques.

« Ses communications avec les autres personnes qui se trouvent dans l'île sont certainement sous une surveillance immédiate, puisqu'il n'est permis à aucune personne d'entrer dans l'enclos de Longwood sans un permis du gouverneur; mais ces permis sont accordés facilement, et ni la curiosité des individus, ni le plaisir qu'on peut croire que Buonaparte trouve personnellement à recevoir leurs visites, ne sont gênés par des difficultés factices ou des réglemens arbitraires. Sa correspondance est aussi soumise à des restrictions, et il ne lui est pas permis d'envoyer ou de recevoir des lettres, autrement que par l'entremise du gouverneur. Cette règle est sans doute désagréable; mais elle est une conséquence nécessaire de ce qu'il est maintenant et de ce qu'il a été.

« On peut, je crois, attribuer à deux motifs les plaintes déraisonnables de Buonaparte : le premier, et le principal, est d'entretenir l'intérêt public en Europe, mais sur-tout en Angleterre, où il croit qu'il a un parti; et je pense que le second peut se découvrir dans le caractère personnel et les habitudes de Buonaparte, qui trouve de l'occupation dans les chétives intrigues par lesquelles ces plaintes sont mises en avant, et quelqu'amusement dans les tracasseries et vexations qu'elles causent sur le lieu.

« Si cette conjecture est bien fondée, le temps seul et la conviction de leur inutilité induiront Buonaparte à se désister de ses plaintes, et à envisager

sa situation sous son véritable point de vue, comme
une détention avec moins de restrictions à sa liberté personnelle, qu'une juste prudence en aurait
pu prescrire, si elle n'avait pas été guidée par la libé-
ralité. »

Extrait du Courrier du 19 mars 1817.

(Dans la séance des lords du 18 mars, lord
Holland fit une motion, dont l'objet était de faire
examiner par la chambre toute la correspondance
ministérielle, relative à l'emprisonnement de Buonaparte, afin de s'assurer de la manière dont il était
traité. Lord Bathurst, dans un long discours, satisfit
la chambre sur ce point, et la motion fut rejetée.
Voici les réflexions du *Courrier* du lendemain).

« Les débats de la séance des lords d'hier nous
offrent un sujet fertile aux méditations, et en même
temps de grands motifs de nous féliciter de notre
persévérance. Il y a quatre ans, les débats roulaient
sur la nécessité de lever des millions pour s'opposer
au puissant oppresseur du continent ; nul subside
ne paraissait trop considérable, nulle force trop
grande, nuls efforts trop gigantesques contre un
homme qui, d'après les prédictions de l'opposition,
devait rester, en dépit de nos efforts, le maître du
monde. Il y a quatre ans, on discutait dans les cham-
bres s'il fallait lever trente ou quarente millions st.,
pour continuer la guerre contre Buonaparte, qui

voyait le continent à ses pieds ; et hier au soir on a
discuté si trente ou quarante bouteilles de vin par
jour, si 12,000 liv. st. par an seraient accordées à ce
même Buonaparte, exilé, prisonnier impuissant
dans l'île de Sainte-Hélène! Le 18 mars 1811, un
membre de l'opposition, M. Ponsonby, dans un
débat concernant la continuation de la paye des
troupes portugaises, nous présentait nos armées
réduites à l'inaction, et nos alliés opprimés de tous
côtés, ne faisant que de vains efforts dans deux ou
trois endroits de la péninsule. Le 18 mars 1817,
un autre membre de cette même opposition, ne
nous rappelle plus ces terribles prophéties, ces sages avis sur le danger auquel nous nous exposions ;
il vient discuter si cet homme, qui devait être le
maître tout-puissant du monde, doit être renfermé
dans une circonférence de douze milles ou de huit.
Le 18 mars 1803, il se faisait proclamer roi d'Italie ;
le 18 mars 1806, en faisant allusion à son dessein de
renouveller toutes les dynasties de l'Europe, et de
s'entourer de nouveaux souverains, ses créatures, il
disait encore « dans onze ans je serai le plus ancien
monarque de l'Europe, » et, onze ans après, le 18
mars 1817, nous le voyons chercher à exciter la pitié
du peuple d'Angleterre, en disant qu'il est maltraité
dans son exil, par les grands membres de ces dynasties dont il avait médité et prédit la ruine !!!

Trois années se sont écoulées depuis qu'il a refusé
l'*ultimatum* de Châtillon ; le 18 mars 1814, les

négociations de Châtillon furent rompues ; le 18 mars 1817, nous discutons si nous nous sommes montrés trop ou trop peu généreux envers ce même Buonaparte, prisonnier de cette nation, dont il s'était déclaré l'ennemi implacable, à qui il avait voué une haine et une guerre éternelles ! ! !

Nous ne pouvons nous empêcher de différer de ceux qui sont portés à blâmer lord Holland pour sa motion d'hier soir ; car c'est à cette motion qu'est due la réfutation officielle et décisive de toutes les plaintes de mauvais traitemens élevés contre notre gouvernement : cette réfutation fait voir à quels bas artifices Buonaparte a eu recours, et combien il est nécessaire d'user à son égard des restrictions les plus sévères.

Voici les charges et les réfutations :

1° *Charge.* On a nouvellement réduit l'espace qu'on lui avait accordé pour prendre de l'exercice.

Réfutation. On lui avait d'abord accordé une circonférence de douze milles, dans laquelle il pouvait se promener accompagné par un officier. Cet espace n'a été réduit que quand on s'est aperçu qu'il abusait de la confiance qu'on avait en lui, et qu'il cherchait à gagner les habitans. On a donc réduit sa promenade à une circonférence de huit milles, qu'il peut parcourir sans être gardé par un officier. Au-delà des limites, il peut aller dans toute l'île, pourvu qu'il ait avec lui un officier, dont le grade ne peut être au-dessous de celui de capitaine.

2° *C.* Aux heures les plus agréables pour la promenade, toute sortie ou entrée est interdite à Longwood.

R. Quoiqu'après le coucher du soleil, il n'ait pas le passage libre dans l'île, il peut cependant se promener dans son jardin. Des sentinelles y étaient postées après le coucher du soleil; il a exprimé que la promenade ne pouvait lui plaire étant ainsi gardé. Sir Hudson-Lowe, qui désire faire ce qui peut lui être agréable, a fait placer les sentinelles dans des endroits d'où elles ne peuvent le voir; voudrait-on ôter ces sentinelles précisément au moment où il est le plus probable qu'il pourrait s'échapper?

3° *C.* On l'a empêché de se procurer des livres, et de s'abonner aux journaux.

R. Le général Buonaparte, peu après son arrivée à Sainte-Hélène, désira quelques ouvrages pour compléter sa bibliothèque; il en fit une liste, qui fut envoyée ici. On la remit à un fort libraire français de Londres, avec ordre de fournir tous les livres demandés qu'il pourrait avoir. Ce libraire n'ayant pas plusieurs de ces livres, écrivit à Paris pour se les procurer; tout ce qu'il put réunir, fut envoyé avec une liste explicative des circonstances qui avaient empêché de se procurer les autres.

Les journaux ont été refusés, parce qu'on a su que l'on avait cherché par leur moyen à correspondre avec lui.

4° *C.* On ne lui a pas permis d'envoyer une

lettre cachetée au Prince Régent, ni de correspondre
avec sa femme, son fils et ses parens.

R. Il peut envoyer une lettre au Prince Régent,
mais non cachetée. Les ministres, qui sont respon-
sables, doivent connaître la nature d'une semblable
lettre, qui, d'ailleurs, serait parvenue à S. A. R. Il
peut écrire à sa femme ou à ses parens, et en recevoir des réponses ; mais les lettres doivent être ouvertes. Un seul de ses parens, son frère Joseph, lui
a écrit : la lettre a été remise sur le champ.

5° *C.* On lui a ôté les moyens d'écrire l'histoire
des premières années de sa vie.

R. Quelle tentative a-t-on pu faire pour l'empêcher d'écrire l'histoire de sa vie ?

6° *C.* La somme pour sa dépense a été réduite
à 8,000 livres sterling, et les provisions qu'on lui
fournit sont insuffisantes.

R. Huit mille livres sterling avaient paru une
somme suffisante pour son entretien ; mais sir Hudson-Lowe, jugeant qu'il ne pourrait être entretenu
convenablement sans 12,000 livres sterling par an,
cette somme a été accordée.

Quant aux provisions et au vin, il suffira de dire
que pour neuf personnes qui sont avec lui, on lui
donne onze douzaines de bouteilles par semaine :
Clairet, Champagne, etc.

Voilà comment nous traitons Buonaparte. Certes,
s'il y a lieu de nous blâmer, ce n'est pas de notre
peu de générosité, de notre dureté, de notre ven-

geance. Nous le répétons, il faut remercier lord
Holland d'avoir donné au comte Bathurst l'occasion
de réfuter, d'une manière officielle, les accusations
portées contre la nation anglaise.

Extrait du Morning-Chronicle du 25 septembre 1817.

Un fait que l'on ne devrait pas oublier, c'est que
toutes les discussions qui se sont élevées sur la
puissance croissante et dangereuse de la Russie, ont
leur source dans l'article publié dans le *Courrier,*
sous le titre d'*Extrait d'une lettre de Francfort.*
Cet article a été rédigé à Londres. Le rédacteur du
Courrier n'ose dire qu'il ne l'a point reçu comme
une partie des instructions journalières qui lui sont
envoyées du ministère. Ainsi l'alarme sur la puissance et les projets de la Russie, vient du quartier-
général ; et on ne doit point s'en étonner, si l'on
considère les preuves qui s'accumulent journellement des projets gigantesques de cette puissance.

Un plan de l'expédition aux Indes, comme l'a-
vait conçu Buonaparte, a été trouvé dans le porte-
feuille du ministère de la guerre de France. Ce docu-
ment était sans doute connu à l'auteur du *Tableau
de la puissance de la Russie,* quoiqu'il ne l'ait pas
publié. Il sert à prouver l'exactitude de ce qu'a dit
cet auteur sur la facilité de cette marche. En voici
une traduction littérale. (On a traduit la traduction
anglaise.)

Articles principaux d'un plan pour l'expédition contre la puissance anglaise dans l'Inde.

« La France, l'Autriche et la Russie coopèrent à l'entreprise ;

« La France et la Russie, conjointement, envoient une armée de soixante-dix mille hommes sur les rives de l'Indus ;

« L'Autriche permet aux troupes françaises de passer sur son territoire, et les aide à descendre le Danube jusqu'à la mer Noire ;

« Une armée russe de trente-cinq mille hommes s'assemble à Astrakan : vingt-cinq mille hommes de troupes régulières, dix mille Cosaques ;

« Cette armée se rend par la mer Caspienne à Astrabad, où elle attend l'arrivée de l'armée française ;

« Astrabad est le rendez-vous des armées combinées, le siége des magasins de munitions et de provisions militaires, le point central des lignes de communication entre l'Indostan, la France et la Russie ;

« La division française de trente-cinq mille hommes, s'embarque sur le Danube dans des bateaux, et fait voile pour la mer Noire ;

« A son arrivée au Pont-Euxin, elle passe la mer Noire et la mer d'Azof, sur des transports fournis par la Russie, qui la portent à Taganroc ;

« De là, elle remonte la rive droite du Don, jusqu'à la petite ville cosaque de Pialouzbiarskaia ;

« A cet endroit elle passe le Don, et se rend par terre aux environs de Czaritzin, sur la rive droite du Volga ;

« Elle s'embarque sur le Volga, et descend à Astrakan ;

« D'Astrakan elle s'embarque sur la mer Caspienne, pour gagner Astrabad ;

« Aussitôt la jonction des armées française et russe à Astrabad, l'armée combinée se met en marche ;

« Et elle se rend, par les villes d'Heral, Terah et Candahar, sur la rive droite de l'Indus.

Durée de la marche de l'armée française.

« Descente du Danube..................... 20 jours.
« De l'embouchure du Danube à Taganroc.. 16
« De Taganroc à Pialouzbiarskaia.......... 20
« De Pialouzbiarskaia à Czaritzin......... 4
« De Czaritzin à Astrakau................. 4
« D'Astrakan à Astrabad.................. 10
« D'Astrabad à l'Indus................... 45

« Total....... 119 jours. »

FIN.

Dans quelques exemplaires, pag. 23 et 24, Weismar, lisez Wiazma.